AF297220

# LES

# CAHIERS

# DE

# L'OUVRIER

FLEUR
« DE GENÊT »
EMBLÊME
DES
« JAUNES »
DE FRANCE

THÉOPHILE

*50 centimes l'exemplaire*
*(Remises par quantité)*

« Mieux vaut s'unir avec les patrons contre les politiciens, qu'avec les politiciens contre les patrons. »

(P. Billy.)

# TOUS PROPRIÉTAIRES !

Ce que veut l'ouvrier, c'est du « travail assuré, » de « bons salaires, » et la possibilité pour lui de devenir, à son tour, un « possédant. » Au lieu de l'enchaîner dans le communisme ou le collectivisme, il faut, au contraire, l'émanciper en lui facilitant l'accès de la propriété individuelle.

Il faut que le capital travaille, et que le travail possède, selon l'heureuse expression de Waldeck-Rousseau.

(Cité par M. Lasien)

Si vous voulez rendre les hommes meilleurs, rendez-les plus heureux.

(Victor Hugo.)

# LES CAHIERS DE L'OUVRIER

ÉDITÉ PAR LE JOURNAL LE « JAUNE »

# LES CAHIERS

# DE

# L'OUVRIER

FLEUR
« DE GENÊT »
EMBLÊME
DES
« JAUNES »
DE FRANCE

THÉOPHILE

50 centimes l'exemplaire
(Remises par quantité)

# AVANT-PROPOS

## MES « CAHIERS DE L'OUVRIER »

Ils ont paru dans le « Jaune, » et je croyais bien qu'ils n'en sortiraient pas ! Mais voilà que M. Biétry et plusieurs avec lui, me demandent de les publier en « brochure, » et je m'exécute..., sans toutefois être certain qu'ils seront lus ou plutôt relus, par mes camarades, les travailleurs.....

Que me suis-je proposé, en écrivant ces Cahiers? Tout simplement d'éclairer l'esprit des ouvriers, et de leur rappeler, non seulement leurs devoirs, mais de leur dire aussi leurs droits et de leur montrer les avantages de l'Association en général. J'ai voulu également concourir, dans la mesure de mes petits moyens, au développement des principes et du mouvement des « Jaunes » de France, en l'encontre des théories des Rouges et de l'agitation révolutionnaire que ceux-ci provoquent dans la classe ouvrière.....

Je n'ai pas fait de grandes phrases, ni de belle littérature, (je n'en suis pas capable!) mais j'ai pensé qu'il suffirait d'exposer, en style familier, nos idées, pour rendre service aux travailleurs qui aiment à comprendre ce qu'on leur dit.

Je serais trop bien récompensé de mon modeste travail, s'il inspirait quelques bonnes pensées et surtout quelques résolutions pratiques, à ceux qui prendront la peine de le lire. Je voudrais que cette brochure servît de *Manuel* aux ouvriers et qu'ils la lisent et la discutent entre eux dans leurs comités de syndicats, pour mettre en œuvre tout ce qui s'y trouve conseillé.

C'est un honneur pour moi, de me voir édité par le « Jaune, » et cela me vaudra, sans doute, un meilleur accueil de la part des ouvriers, amis de M. Biétry, et favorable à son œuvre.

Allez donc, chers Cahiers, faites votre tour de France ; dites à tous les camarades qu'ils ont à Paris, au moins un compagnon, tout dévoué à leur cause et qui signe :

THÉOPHILE.

P. S. J'ai demandé comme une faveur à M. Biétry, d'écrire une préface à ces « Cahiers ; » il a condescendu à mon désir, mais je trouve qu'il s'est montré beaucoup trop bienveillant à mon égard ; ce qui prouve, une fois de plus, que « l'amour est aveugle ! » Ses éloges d'ailleurs, doivent aller à tous les écrivains que j'ai consultés sur les questions ouvrières, et dont j'ai souvent reproduit le texte ; j'ai imité l'abeille qui récolte le miel sur toutes sortes de fleurs ; et je me sens obligé de renvoyer l'honneur, que m'attirent « Mes Cahiers de l'ouvrier » à tous ceux qui m'ont permis de les composer et que je voudrais pouvoir nommer.

TH.

# PRÉFACE

Mon cher Théophile,

*Je crois avoir été le premier lecteur de vos « Cahiers de l'Ouvrier. » Il m'est agréable, infiniment, de les présenter au public et surtout aux travailleurs, pour lesquels ils seront un véritable « Memento » que l'on consulte à tous les moments de la vie.*

*Mon appréciation sur les « Cahiers de l'Ouvrier » est d'ailleurs partagée ; j'en recueillis cent affirmations spontanées de nos camarades ouvriers et des lecteurs du « Jaune. » Tous furent unanimes à dire que, de nos efforts communs, le vôtre se distingue par la netteté et l'efficacité de son enseignement. L'originalité des « Cahiers » est faite d'un style simple, vigoureux et qu'aucune obscurité littéraire ou de pensée ne vient assombrir.*

*Ceux qui vous connaissent et qui vous aiment, comme nous vous connaissons et nous vous aimons, mon cher Théophile, retrouvent dans ces lignes la clarté de votre esprit, la pureté de votre jugement et la noblesse de votre cœur. Vos lecteurs qui ne vous connaissent point comme homme, et qui vous jugeront impartialement comme écrivain, diront :*

*« Celui qui put écrire ces « Cahiers de l'Ouvrier » ne doit être animé que par une seule passion, « celle de la Vérité dans la Justice, » et si j'osais risquer une réflexion personnelle, j'ajouterais qu'en vous jugeant ainsi, on vous jugera très bien.*

*Les Poètes et les Utopistes qui vivent les uns dans les fleurs de l'imagination, les autres dans des Lunes hypothétiques, maudiront peut-être le prosaïsme voulu de vos « Cahiers. » — C'est qu'ils ne sauront jamais le noble souci, fait d'abnégation et de bonté, avec* lesquelles vous avez voulu dresser pour ces ouvriers, que vous aimez, un véritable catéchisme social.

Procédant avec méthode et prudence, vous avez isolé chacune des questions qui se posent dans toutes les circonstances de la vie ouvrière, pour les travailleurs conscients ; et à chacune de ces questions, vous avez donné une sanction lumineuse et forte.... Cela, mon bien cher Théophile, c'est de la bonne besogne.

Vos axiomes, vos conseils ainsi jetés sur la classe ouvrière sans arrières-pensées, feront un bien énorme.

Il y a, au « Jaune » de vaillants laboureurs, vous les connaissez, mon grand Ami ; ils sont assidus et tenaces, peu accessibles aux influences du dehors, ils tracent, imperturbables, des sillons profonds, dans un sol ingrat, — dans ce sol de France où Leur Socialisme planta les épines et les ronces, afin d'y cacher les Chimères ; mais sur les sillons que nous traçons, c'est vous qui jetez la meilleure semence. Aucun de ceux qui liront ces « Cahiers » ne me démentira.

Maintenant que j'ai dit ce que je pense de votre œuvre, ami Théophile, il me faudrait causer de vous. Si je ne me trompe, c'est même par là qu'un « préfacier » habile eût commencé, mais c'est une tâche bien difficile que de faire le portrait moral d'un homme dont l'unité de vie, dans la vertu agissante, restera comme un exemple triomphal. C'est la victoire de la pensée saine et chrétienne, sur les instincts qui nous meurtrissent, nous rendent tumultueux et incohérents. — Mais je m'arrête ; Je ne me sens guère capable de juger les Bons, je me contente de les aimer, et comme il me faut terminer par un mot à nos lecteurs, je leur souhaite, quand ils auront lu les « Cahiers de l'Ouvrier » d'en connaître l'Auteur.

PIERRE BIÉTRY,
fondateur de la Fédération Nationale
des « Jaunes » de France.

## RÉFLEXIONS PRÉLIMINAIRES

« Le problème de l'organisation du travail n'a pas encore reçu de solution définitive, en France non plus qu'ailleurs.

« Les grèves, qui constituent l'état de guerre déclarée entre patrons et ouvriers, n'ont jamais été plus nombreuses ni plus violentes, sous l'action des meneurs.

« Le parti socialiste fait miroiter, aux yeux des travailleurs, l'idéal d'une société sans patrons, où le capital et les produits deviendront collectifs, ou bien de l'État-patron, et pousse à la destruction des industries.

« Les ouvriers n'ont guère profité de la liberté de se syndiquer qui leur a octroyé la loi de 1884 sur les syndicats ; puisque le nombre des syndiqués s'élève à peine au dixième du chiffre total de la classe ouvrière.

« Ainsi dans toutes les professions, les syndiqués demeurent en minorité, et c'est cette minorité de rouges et de révolutionnaires qui fait la loi à la majorité, parce que celle-ci ne veut pas se grouper sous le drapeau des Jaunes.

« Faut-il rendre les syndicats obligatoires ? C'est revenir à la corporation de l'ancien régime, et bientôt peut-être aux abus qui en découlent.

« Faut-il ouvrir les syndicats aux anciens ouvriers n'exerçant plus depuis longtemps la profession ? Les en exclure, c'est priver les syndicats de conseillers, possédant à la fois l'expérience et les loisirs. Les y admettre, c'est ouvrir la porte à des meneurs d'autant plus dangereux, qu'ils n'ont plus d'intérêts dans les conflits actuels.

« Faut-il autoriser la formation do syndicats parmi les employés ou ouvriers attachés aux services publics ? Pourquoi pas ? L'État, les départements, les villes, sont des patrons semblables aux autres. ..Mais alors, en cas de guerre, ou de menace de guerre, la défense nationale est à la merci d'une coalition comprenant les ouvriers des arsenaux et ceux des chemins de fer.

« Convient-il, comme le veut M. Millerand, d'accorder aux syndicats la plénitude de la capacité civile, y compris le droit d'acquérir, en quantité illimitée, des biens, meubles et immeubles, et celui de se livrer à des opérations de commerce ? Au point de vue politique, la transformation des ouvriers en actionnaires, en commerçants, voire en capitalistes, n'offrirait que des avantages. Au point de vue économique, quelle atteinte portée à la libre concurrence, quel danger même pour les ouvriers, devenus responsables et assujettis aux rigueurs de la faillite !

« Est-il juste d'appliquer une sanction pénale aux patrons qui excluent ou refusent d'admettre des ouvriers syndiqués ? Si on ne le fait pas, que devient le droit des ouvriers à se syndiquer ? Si on le fait, que devient le droit des patrons à choisir leurs employés ?

« Pour la répression des attentats contre la liberté du travail, doit-on, suivant le système de M. Barthou, s'en tenir au droit commun, ou maintenir la pénalité exceptionnelle et rigoureuse des articles 414 et 415 du code pénal ? Ou bien encore, d'après le projet Millerand, doit-on supprimer complètement la liberté du travail, en rendant la grève obligatoire pour tous, après referendum ?

« Que de difficultés ! Que de complications (1). »

Est-ce la loi qui résoudra ces difficultés ? — Nous ne le pensons pas. Dans nos humbles Cahiers, nous avons essayé de donner une solution pratique au problème de l'organisation du travail, et nous estimons que si les ouvriers et les patrons veulent nous lire et réaliser ce que nous conseillons, la paix, le bien-être règneront davantage dans le monde du travail, et les « Jaunes » dont nous prônons les doctrines feront cesser la guerre et les catastrophes produites par les erreurs socialistes.

(1) Ce questionnaire a été posé textuellement dans le « Matin. »

# LES CAHIERS

# DE L'OUVRIER

## I. — L'ouvrier.

*Qu'est-ce qu'un ouvrier ?*

C'est tout homme qui met en activité son intelligence, sa volonté, son cœur et ses forces physiques pour produire une œuvre.

*Qui doit être ouvrier ?*

Tout le monde, d'une façon ou d'une autre, en ce sens que l'homme est créé pour le travail, comme l'oiseau pour voler, et que ne rien produire par son travail, c'est cesser d'être homme et devenir un être inutile !

*Y a-t-il plusieurs sortes d'ouvriers ?*

Oui ! les uns travaillent avec leur intelligence comme ceux qui étudient et acquièrent la science ; les autres travaillent avec leur volonté, comme ceux qui s'appliquent à la prière, à la pénitence, à la méditation, à combattre leurs passions et à pratiquer la vertu ; les autres enfin travaillent avec leur corps, leurs yeux, leurs mains..., qui se livrent à des ouvrages matériels, comme les menuisiers, les maçons, les filateurs, les mineurs, etc., etc.

*Ces divers ouvriers sont-ils louables ?*

Oui, car tous produisent des œuvres belles et utiles à l'humanité.

*Tous les hommes peuvent-ils être ouvriers manuels ?*

Non, car chacun d'eux a reçu en naissant des aptitudes spépales, les uns ont plus d'intelligence que les autres et tous n'ont pas l'habileté et les forces physiques nécessaires aux travaux manuels.

*Pourquoi en est-il ainsi ?*

Parce que les hommes, pour vivre en société, ont besoin de science et de vertus dont les diverses applications ne peuvent éclore que dans la collaboration et la fraternité. Il est nécessaire qu'il y ait des maîtres d'école qui travaillent à instruire, des médecins qui travaillent à guérir, des prêtres pour moraliser, des juges travaillant à faire régner la justice et la paix, des hommes de science qui s'appliquent aux découvertes utiles, d'autres qui écrivent, etc., comme des cultivateurs qui produisent le blé, des boulangers qui font du pain, etc., etc.

*Les ouvriers manuels doivent-ils aimer les autres ouvriers, de la science, de la morale, des lettres, etc., etc. Cet amour doit-il être réciproque ?*

Incontestablement, l'effort des uns comme des autres étant dirigé pour le bien de la collectivité.

*Tout travail est-il pénible ?*

Oui ; et le savant penché sur ses livres, le prêtre sur son crucifix, le paysan sur sa charrue, l'ouvrier courbé sur son outil, etc., etc., tous doivent se faire violence et gagner la vérité, la vertu ou la nourriture du corps, à la sueur de leur front. Souvent même le travail de la mémoire, de l'intelligence, de l'apostolat, est plus dur et plus pénible que le travail des mains.

*Travailler est-il un devoir pour tout le monde ?*

Oui, évidemment, et le désœuvré volontaire a toujours été considéré comme un parasite, comme un frélon qui mange le miel des abeilles laborieuses sans en produire jamais.

*Le travail est donc un bienfait ?*

Certainement, et à ce point que celui qui ne peut s'y livrer doit se sentir malheureux et chercher à s'en procurer, au lieu de le refuser, comme le font quelques-uns, sous prétexte que le travail les gêne ou les fatigue.

*Mais le travail manuel use nos forces ?*

Sans doute, quand il est excessif; c'est pourquoi le christianisme, (tant persécuté par le faux-socialisme), préconise le repos du dimanche, auquel nous devons tenir beaucoup et qu'il faut réclamer énergiquement; et de plus, nous ne devons pas travailler au point de ruiner notre santé, et nous avons raison de restreindre le travail du corps, pour nous livrer, en nous reposant, au travail intellectuel.

*Si j'étais riche et rentier, je ne travaillerais pas !*

Vous auriez tort, car les paresseux ne jouissent de rien, ils sont taciturnes et sombres, alors que s'égaient tous les bons ouvriers, après une journée bien remplie.

*D'où vient que parmi les ouvriers beaucoup travaillent le moins possible ?*

De ce que ces pauvres camarades ne comprennent pas le prix du temps bien employé; de ce qu'ils ne veulent pas se fatiguer; de ce qu'ils n'aiment sincèrement ni leur famille, ni eux-mêmes. Ils méritent d'être blâmés et flétris, et on doit d'autant plus se garder de les imiter que leur paresse les livre sans défense aux instincts de l'ivrognerie, aux meneurs révolutionnaires et les jette dans la misère.

*Et certains riches qui ne font rien, qui passent leurs journées à manger, à se promener, à s'amuser ?*

Ces riches désœuvrés, de plus en plus rares, sont la honte et la plaie de société et ils ne méritent que le mépris. N'enviez pas leur sort, car ils s'ennuient effroyablement : ils perdent vite leur fortune et se laissent entraîner à tous les vices !

Vous qui êtes *travailleurs par nécessité, soyez-le aussi par sagesse* et appliquez-vous généreusement au travail qui fait de vous des hommes libres et dignes, et qui vous ennoblit !

*Mais les ouvriers sont peu considérés et méprisés ?*

Comment et par qui ? — Non ! un bon travailleur n'a pas à rougir de son métier, quelque vulgaire qu'il soit, et s'il s'applique à son labeur quotidien, il aura l'estime de ses semblables et n'importe quel grand personnage pourra et devra serrer sa main caleuse, avec respect et affection. Honneur et merci aux travailleurs qui sont le soutien, la vie et la prospérité de la Patrie !

## II. — Le salaire.

*Tout travail mérite-t-il salaire ?*

Oui, puisque le travail rend service à autrui, il est juste que celui qui en profite à un titre quelconque, le paie.

*Quel doit être le salaire ?*

Évidemment, ce salaire doit être proportionné au labeur de l'ouvrier et du produit de son travail.

*Peut-il y avoir différents salaires ?*

Sans doute ; les ouvriers qui exercent les métiers exigeant un long apprentissage, ceux qui ont sacrifié de longues années pour étudier ou acquérir le tour de main, gagnent ou doivent légitimement gagner davantage, sinon personne ne voudrait plus devenir apprenti ou étudiant.

En ville, les ouvriers sont souvent mieux payés, mais la vie est plus chère qu'à la campagne, ainsi que les loyers.

*Le salaire ne devrait-il pas être égal pour tous ?*

Il est permis de le désirer ; mais, en fait, il n'en peut être ainsi, étant donné que les ouvriers ne produisent pas le même travail et que le fruit de ce travail n'a pas une égale valeur.

*Mais si le salaire est insuffisant pour vivre, soi et les siens, n'est-il pas permis de le réclamer plus considérable?*

Oui, sûrement, car le salaire d'un bon ouvrier doit lui procurer le moyen de ne pas manquer du nécessaire, ni lui, ni sa famille.

*Mais les patrons refusent de donner des salaires plus élevés, pourquoi?*

Les patrons paient leurs ouvriers d'après des tarifs régionaux. Très souvent, ils sont aussi obligés de tenir compte des lois de concurrence. Ils paient peu, aussi :

1º Parce qu'ils sont obligés de vendre à très bon marché aux clients, le produit du travail de leurs ouvriers ;

2º Parce qu'ils veulent eux-mêmes tirer profit du capital dont ils ont fourni la totalité et dont ils assument la responsabilité et la gestion.

3º Les salaires s'avilissent souvent du fait de la surproduction qui empêche d'écouler à n'importe quel prix les objets fabriqués.

4º Parce qu'enfin les patrons sont égoïstes et veulent s'enrichir trop et trop vite, aux dépens de leurs ouvriers qu'ils rétribuent « chichement, » alors qu'ils ont parfois des bénéfices considérables sur le fruit du travail de ceux qu'ils emploient.

*Les patrons sont-ils toujours injustes en ne donnant pas un gros salaire ?*

L'ouvrier ne peut porter un jugement et passer condamnation que s'il a l'assurance qu'une augmentation pourrait être faite sans préjudice pour l'industrie ou le commerce eux-mêmes.

*S'il est prouvé que les patrons exploitent leurs ouvriers ?*

Dans ce cas, ceux-ci protestent et usent de tous les moyens légaux pour obtenir des salaires plus forts.

*Comment obtenir ce salaire ?*

En se syndiquant, les ouvriers auront plus d'autorité pour étudier et discuter ensuite.

*On ne peut pas économiser sur son salaire ?*

C'est parfois vrai, quand ce salaire est très minime ; cependant, en général, il est permis d'affirmer qu'un ouvrier peut presque toujours mettre quelque argent « de côté. »

*Pourquoi économiser ?*

Pour parer à certaines dépenses inévitables, comme : payer son loyer, le médecin et le pharmacien en cas de maladie, vivre en temps de chômage, etc..., etc...

*D'où vient que beaucoup d'ouvriers sont menacés de tomber dans la misère ?*

De ce que, la plupart du temps, ils n'ont pas su ni voulu mesurer leurs dépenses à leur salaire, et qu'ils ne se sont point gardés « une poire pour la soif ; » sans doute, il est souvent difficile, surtout quand on a des charges de famille, d'économiser beaucoup, et la misère qui frappe l'ouvrier est en général imméritée. C'est pourquoi, nous devons prévoir ces cas par des œuvres d'assistance, qui viennent au secours des camarades dans le besoin.

*Le salaire de l'ouvrier ne le rendra jamais riche !*

Cela dépend de son activité et de son intelligence, très souvent. D'ailleurs, la pauvreté n'est pas vice et la richesse n'engendre pas toujours le bonheur.

## A PROPOS DE LA SAISIE-ARRÊT

Combien de fois ne nous sommes-nous pas élevés avec indignation contre la rapacité de certains commerçants, peu scrupuleux vis-à-vis de la clientèle ouvrière ?

Combien de fois aussi n'avons-nous pas demandé une plus

juste et équitable réglementation de la saisie-arrêt de l'ouvrier ?.

Faire de la politique à outrance et des tours de prestidi-
gitation, afin de se maintenir le plus possible aux rebords
de l'assiette au beurre, ne suffit pas au bonheur de la classe
ouvrière.

Nos sénateurs et députés blocards, qui ont la prétention de
soulager les misères imméritées qui accablent la classe laborieuse, devraient bien, une fois pour toutes, s'atteler résolument à la besogne, et nous donner enfin satisfaction, en
remaniant de fond en comble les articles de la loi sur la
saisie-arrêt, qui est une fumisterie très dispendieuse et fort
coûteuse pour l'ensemble du monde des travailleurs.

Un de nos amis, ouvrier infatigable, père de quatre enfants
en bas âge, habitant l'une de nos plus grandes cités ouvrières du centre, se vit en butte, la semaine dernière, à la rapacité d'un cancre du commerce, comme, hélas ! il s'en trouve
partout dans les grands centres industriels principalement !

Le commerçant en question (un marchand de vins) avait
livré, à différentes reprises, de la marchandise à notre camarade, pour une somme de 28 francs et quelques sous.

Pour cause de chômage involontaire, et de plus, pour cause
de maladie, ce travailleur ne peut solder de suite la dette
contractée.

Sans plus tergiverser, au bout de deux mois d'attente, le
commerçant fit rendre un jugement de simple police, com-
damnant le débiteur à un dixième de son salaire. Si bien que
le principal, avec intérêts et tous frais compris, saisis à son
préjudice, la somme due se montait à 51 fr. 80.

Donc, au lieu de devoir la somme de 28 francs, le pauvre
diable se trouvait être débiteur d'une somme de près de
52 francs ! Heureusement que la justice est gratuite en
France... sans quoi ?...

Vous me direz que cela est légal ; qu'en l'occurence le débitant n'a fait qu'user de ses droits, vis-à-vis d'un débiteur, un mauvais payant ! Très bien, je l'admet. Mais, pensez-vous, que si toutes les paperasses d'huissiers ne coûtaient pas un prix exorbitant, la procédure un prix fou, notre camarade aurait dû cette somme ?

Vous voyez donc bien, qu'une transformation complète de la loi sur la saisie-arrêt s'impose ! Si, sous prétexte de vous faire payer une dette de 50 francs, on vous colle 50 autres francs sur la même somme, c'est un moyen de vous mettre dans l'impossibilité de vous acquitter jamais ? Ah ! ça ne m'étonne pas, parbleu, greffiers, huissiers, avoués, roulent carrosse ? Ils peuvent rouler carrosse, c'est le peuple qui paie !

Bigre..... il y a bien déjà assez de gras-à-lard, de ventrus et de bouffis de la Sociale, qui roulent carrosse à nos dépens, sans que nous soyons obligés de graisser encore de nos sueurs, le vieux char vermoulu où grignotent les rats de justice !

Voilà, je crois, un bon sujet d'étude, pour le prochain congrès des Jaunes !.....

*« Ce 18 septembre 1904. »*

L'Homme Jaune.

## III. — Les patrons.

*Que sont les patrons ?*

Ce sont des hommes possédant un certain capital, ayant certaines aptitudes et qui ouvrent une maison de commerce, un atelier, une usine, pour utiliser leurs capitaux, les faire fructifier et développer les méthodes industrielles qui font la richesse du pays.

*Les patrons sont-ils nécessaires ?*

Oui, car sans eux, (et tant que les ouvriers n'ont pas acquis les compétences spéciales et les capitaux nécessaires), ils n'auraient pas de travail ni de salaire.

*Ne peut-on pas les remplacer ?*

Si, quelquefois, en fondant des entreprises ou sociétés coopératives de production entre ouvriers. Mais ces coopératives, sont difficiles à créer, par manque de solidarité. Souvent elles finissent par sombrer dans le déficit et la mauvaise administration qui découlent de l'incompétence technique.

*Alors les ouvriers sont condamnés à servir les patrons ?*

« Servir les patrons » est peut-être une expression injuste, car, en réalité, les ouvriers sont incapables, momentanément tout au moins, d'y suppléer. Les travailleurs des coopératives de production, ne gagnent pas davantage d'ailleurs que les travailleurs des industries patronales similaires, et ils ont, en fait de discipline, une même hiérarchie patronale dans les chefs qu'ils se donnent librement. Néanmoins, le salariat doit, de plus en plus, se modifier dans le sens d'une plus large participation du travailleur à la propriété et aux bénéfices du capital.

*Les patrons sont donc des bienfaiteurs pour leurs ouvriers ?*

Quelquefois, d'une façon générale ; et ceux qui crient : « Mort aux patrons ! » sont souvent aussi des fainéants qui, s'ils deviennent à leur tour, patrons ou chefs, rendent la vie insupportable à leurs anciens camarades placés sous leurs ordres.

*Cependant les patrons ont des torts et ne sont pas tous des petits saints ?*

Nous en convenons ; et il faut blâmer ceux qui se montrent insolents et brutaux vis-à-vis de leurs ouvriers ; ceux qui les privent « pour un oui ou pour un non » de leur travall ; ceux qui ne les paient pas convenablement ; ceux qui leur imposent un travail excessif et les privent du repos du dimanche.

*Quelle doit être la conduite des ouvriers vis-à-vis de leurs patrons ?*

Les ouvriers sont tenus au respect envers des hommes qui sont leurs chefs naturels, puisque pour toutes formes d'action ou de production, il faut se donner des chefs ; et ils doivent se garder de les mépriser dans leurs discours, surtout si ces patrons se montrent justes et impartiaux. Dans le cas contraire, une organisation syndicale saine et forte sait faire respecter la justice pour tous les membres.

*Les ouvriers sont-ils obligés à autre chose que le respect ?*

Oui ; ils doivent veiller à ce qu'aucun « coulage » onéreux pour l'industrie et le commerce ne s'établisse, et s'appliquer au travail qui leur est confié.

L'intérêt du patron est, (*si paradoxal* que cela paraisse à certains camarades), le même que celui de l'ouvrier.

*Les ouvriers peuvent-ils se réjouir quand les affaires de leurs patrons prospèrent ?*

Bien entendu, puisque cette prospérité leur assure du travail avec la perspective d'un salaire plus élevé.

*Les socialistes qui se déclarent les ennemis des patrons doivent-ils être écoutés ?*

Ils le sont trop déjà ! par des ouvriers qui n'ont ni l'esprit ni le courage de faire taire ces aboyeurs malfaisants.

*On reproche aux « Jaunes » d'être vendus aux patrons ?*

Ce reproche tombe à faux ; il est fait par les politiciens, embêtés de n'avoir aucune influence sur eux ; quoi qu'on en dise, les Jaunes ne seront pas assez sots pour combattre les patrons, avec lesquels ils ont la prétention de s'entendre et de vivre en bonne harmonie, au mieux de leurs intérêts

réciproques. — Il vaut mieux être allié avec les patrons contre les politiciens, qu'avec les politiciens contre les patrons.

*D'où vient cette lutte des classes, qui se manifeste dans la société
contemporaine entre patrons et ouvriers ?*

De la Révolution et des révolutionnaires qui font croire
aux ouvriers que, s'il n'y avait plus de patrons, si la propriété individuelle était abolie, ils se partageraient la fortune
des possédants et deviendraient tous riches ; ce qui n'arrivera
jamais.

*Les patrons sont-ils les ennemis de l'ouvrier ?*

Non, et nous avons prouvé qu'ils leur rendent service.
Les meneurs socialistes et gréviculteurs, les Juifs spéculateurs avec leurs coups de Bourse qui accaparent la fortune et
les capitaux de la nation, voilà les vrais ennemis des ouvriers.

*Les ouvriers peuvent-ils devenir patrons ?*

Évidemment, puisque beaucoup de patrons ont commencé
par être simples ouvriers, et rien n'empêche un ouvrier de
chercher à s'élever et à devenir son maître..

*Alors l'union entre patrons et ouvriers est nécessaire ?*

Oui ; et l'erreur capitale dans la question présente, c'est
de croire que les patrons et les ouvriers soient *ennemis-nés*
les uns des autres, comme si la nature avait armé les riches
et les pauvres pour qu'ils se battent mutuellement dans un
duel obstiné.

Les deux classes ont un impérieux besoin l'une de l'autre ;
il ne peut y avoir de capital sans travail ni de travail sans
capital.

*Les patrons dépendent-ils des ouvriers ?*

Oui, et sans eux que pourraient-ils ? Souvent même les
patrons ne sont satisfaits et ne prospèrent qu'autant qu'ils
ont des ouvriers habiles et consciencieux ; si bien qu'entre
patrons et ouvriers existe une dépendance mutuelle, que les

uns ne peuvent prospérer sans les autres, et que leurs intérêts sont communs ; pourquoi dès lors ne vivraient-ils pas
en bonne intelligence ?

*Vous semblez oublier que les patrons ont des devoirs à l'égard
de leurs ouvriers ?*

Pas du tout, et si j'avais à faire les *Cahiers du patron*, je
ne lui mâcherais pas la vérité et je lui dirais qu'il doit la
justice, le respect et l'affection à ses ouvriers ; mais j'estime
que les patrons, dans les circonstances actuelles, sont obligés à la prudence et à l'expectative vis-à-vis de leurs ouvriers
qui les traitent en ennemis.

*Vaut-il mieux être ouvrier que patron ?*

Ça dépend ! Être patron c'est, en apparence, du moins,
être supérieur et mener une vie plus facile ; mais c'est souvent aussi s'exposer à de mauvaises affaires, à la faillite quel-
fois, toujours aux soucis et aux tracas. Dès lors, je pense que
moi, qui suis un ouvrier dans une usine où naguère nous
étions cinq cents ouvriers, alors que la crise industrielle en
a réduit le nombre à trois cents, je ne dois pas me plaindre
de mon sort ni envier le sort du patron que je sers et qui
me sert. Tout ce qui brille, en effet, n'est pas or, et moins
on est élevé haut, plus on a de chance de ne point tomber
bas.

*Alors, d'après vous, les ouvriers doivent se réjouir de leur con-
dition ? Avouez qu'ils ne font pas cela !*

L'ouvrier doit avoir la passion légitime de l'amélioration
de son sort. Mais s'il est animé d'une sombre envie, jamais
il ne sera heureux, quelles que soient les modifications
apportées à sa condition. Celui qui sait trouver le bonheur
dans le présent, goûte au contraire avec délices toutes les
améliorations heureuses gagnées par le travail et la persévé-
ance, avec l'espoir d'une vie meilleure.

*Est-ce bien vrai, et l'espérance doit-elle rendre contents et patients les ouvriers ?*

Rien n'est plus vrai, et c'est ce qui distingue les ouvriers chrétiens, toujours gais, joyeux, animés par la foi et l'espérance, des malheureux, ravagés de jalousie et de passion.

## IV. — Les Syndicats.

*Qu'est-ce qu'un syndicat ?*

C'est un groupement des ouvriers d'une même profession qui, au lieu de rester isolés, se concertent et s'unissent pour l'étude et l'amélioration de leur condition de salariés.

*Les ouvriers ont-ils raison de se syndiquer ?*

Oui, si les camarades qui forment et dirigent les syndicats sont des ouvriers sérieux, désintéressés, intelligents et dévoués aux intérêts de leurs frères travailleurs.

Non, si le syndicat, au lieu de s'occuper des intérêts moraux et professionnels de ses membres, est un vulgaire groupe de politiciens anti-catholiques, révolutionnaires et gréviculteurs.

*Les ouvriers socialistes ou collectivistes peuvent-ils inspirer confiance à leurs camarades ?*

Non, d'une façon générale, car quand ils sont sincères dans leurs promesses de dévouement, ils ne sont ni prudents ni modérés dans leurs revendications ; et au lieu de servir leurs camarades, ils s'en servent plutôt pour vivre grassement et se faire porter à la députation ou à la municipalité.

*Doit-on avoir confiance dans les Jaunes ?*

Oui, depuis que les Jaunes se sont rendus indépendants des politiciens et des Rouges et se sont donnés des chefs incorruptibles et entièrement dévoués à leurs camarades.

*Y a-t-il des avantages à former des syndicats ?*

Il faut qu'il y ait beaucoup de syndicats, afin que leur force et leur nombre pèsent de plus en plus sur le législateur au profit des humbles. Les ouvriers commencent à comprendre que leur isolement leur a été fatal et que la Révolution, en détruisant les Corporations, les a jetés dans la misère.

*Quels sont donc les avantages des syndicats ?*

Ils sont multiples et considérables, comme il est facile de l'établir. D'abord, les ouvriers syndiqués se connaissent, se fréquentent et deviennent des frères et des amis entre eux. Puis, ils discutent, dans les syndicats, les intérêts de leur profession, ils exposent leurs désirs ; ils se communiquent leurs doléances ; ils cherchent les moyens d'améliorer leur situation ; ils s'entendent pour présenter leurs revendications aux patrons ; ils s'aident mutuellement pour trouver du travail ou pour conserver celui qu'ils ont, etc., etc.

*Mais les syndicats ne sont pas chose facile à constituer ?*

Sans doute, il y a bien quelques difficultés, mais sont-elles insurmontables ? Il faut des chefs qui forment un conseil ; il faut un local pour se réunir ; il faut des imprimés pour les convocations ; et toutes ces choses supposent évidemment du travail, du dévouement et de l'argent ; mais les bons ouvriers trouvent toujours cela quand ils veulent s'y mettre.

*Où trouver l'argent nécessaire à faire vivre les ouvriers qui sont à la tête des syndicats et à couvrir les frais d'installation et de fonctionnement ?*

Les socialistes se sont adressés aux Juifs, à l'État, aux Conseils départementaux, aux Municipalités, qui leur accordent de larges subventions, et nous estimons qu'en acceptant ces dons, les syndicats ont tort, parce qu'ils cessent d'être libres ; étant ainsi les obligés des politiciens, ils en deviennent les esclaves. Nous, les Jaunes, nous nous adressons d'abord à nos camarades, ensuite individuellement à tous les bons Français qui veulent collaborer à la Renaissance nationale, aux patriotes, aux catholiques, aux libéraux de toutes opinions, qui sont les uns et les autres de plus sincères amis du peuple, que les politiciens et que les Juifs millionnaires, lesquel subventionnent les syndicats et journaux révolutionnaires.

*Mais, en voulant se grouper en syndicats, les ouvriers auront contre eux les patrons ?*

Ce n'est pas toujours vrai, et, en tout cas, cela ne doit pas empêcher les ouvriers d'user du droit et des avantages des syndicats.

*Pourquoi les patrons sont-ils opposés aux syndicats ouvriers ?*

S'il s'agit de syndicats rouges ou socialistes, on comprend que les patrons les combattent, parce qu'ils sont habituellement leurs ennemis, qu'ils engagent les ouvriers à faire des grèves, à ne pas travailler, à gâcher l'ouvrage, à « saboter, » etc., etc...

Pour ce qui est des syndicats jaunes, les patrons en ont peur et ne les encouragent guère, parce qu'ils craignent que ces syndicats ne rendent plus puissantes les revendications des ouvriers ; et en cela, ils ont tort, puisque, d'une façon ou d'une autre, il faudra bien qu'ils subissent un jour les syndicats rouges, résolument hostiles et néfastes, s'ils ne veulent pas des Jaunes très conciliateurs, et qui préfèrent améliorer leur sort, *en travaillant,* que de faire la guerre, *les bras croisés.*

*Cette opposition des patrons aux syndicats n'est-elle pas un danger pour les ouvriers ?*

Oui, car les patrons souvent se vengent sur leurs ouvriers de ce qu'ils appartiennent au syndicat, soit en ne leur donnant pas un travail lucratif, soit en les renvoyant.

*Cette opposition des patrons aux syndicats doit-elle empêcher les ouvriers d'entrer dans les syndicats ?*

Non, car s'ils ont à en souffrir, les avantages énumérés plus haut sont une compensation surabondante.

*Nous ne voulons pas nous syndiquer avec les rouges !*

Vous avez raison ; mais alors syndiquez-vous en travailleurs sérieux, comme font les Jaunes ; autrement, les rouges syndiqués décident la grève et rendent tout travail impossible aux non-syndiqués.

Si les grévistes trouvaient devant eux une organisation professionnelle sérieuse, que pourraient-ils faire devant une pareille force de résistance ? Les ouvriers non-syndiqués restent dans l'isolement et se rendent ainsi incapables de tenir tête aux rouges ! L'union fait la force, ne l'oubliez pas !

*Pouvez-vous résumer en quelques phrases ce que doit être le mouvement syndical-ouvrier moderne ?*

Oui et voici ce qu'en écrit M. Henri Lorin :

1. Les syndicats doivent être d'abord une source de renseignements qui indiquent les conditions réelles d'après lesquelles se ferait la *distinction des professions* et leur stationnement territorial.

2. Les syndicats doivent être aussi, et seront nécessairement dès maintenant, des organes *d'information au sujet des besoins des travailleurs*, assurances, caisse de chômage.

3. Ils seront une sorte *d'office du travail*, pour les divers métiers et leurs congrès.

4. Ils auront un rôle *éducateur* ; il s'y formera des hommes pratiques, compétents.

5. Ils seront les *noyaux* autour desquels n'auront plus qu'à s'ordonner des éléments non encadrés de la profession.

6. Ils montreront que l'organisation générale du monde du travail n'est pas une utopie, mais une réalité. »

*S'il y a des abus actuellement dans les syndicats, leur sont-ils nécessairement inhérents?*

Non, et ces abus disparaîtront quand on voudra. En tout cas, il faut toujours voir dans les syndicats :

1. La justesse du *sentiment* qui les provoque, sentiment de la solidarité des ouvriers d'une même profession.

2. La justesse de *l'idée* d'où ils procèdent, l'idée de l'obligation d'une organisation commune pour tous ceux que relie une solidarité inévitable.

3. La justesse de la *tendance* qu'ils impliquent, tendance à remplacer « la disqualification du travail manuel » par une organisation du travail, à substituer au régime élastique des contrats individuels, un régime de contrat plus humain, moins égoïste, mieux approprié à l'évolution nécessaire du salariat.

Il faut ajouter, (pour justifier les ouvriers syndiqués), que l'inaction des pouvoirs publics et les résistances des chefs d'industrie n'ont en réalité laissé aux syndicats d'autre occasion d'affirmer leur droit à l'existence légale, que par la grève !

*Comment les syndicats se feront-ils agréer par les patrons?*

En n'affichant pas d'hostilité systématique contre le patronat, en se montrant respectueux et dévoués, pour les chefs et pour l'industrie ou le commerce dont ils vivent, en ne réclamant d'eux (et sans violence) que des choses justes...

*Quels sont les devoirs des ouvriers groupés en syndicats?*

D'abord, ils doivent engager le plus de camarades possible à s'unir à eux ; en second lieu, ils doivent se rendre tous les bons services entre eux ; en troisième lieu, ils doivent assister aux réunions de leurs syndicats, obéir à leurs chefs qu'ils se donnent librement ; enfin, ils doivent payer exactement leur cotisation, qui servira à secourir les caramades dans le chômage et la maladie, à former un capital de réserve pour les entreprises de coopération et de retraites, etc.

*Doit-il être question de politique et de religion dans les syndicats ?*

La loi l'interdit, mais en fait, les socialistes ne se privent pas de faire de la politique, et de l'anticléricalisme ; aussi ont-ils ruiné le mouvement syndicaliste en France, et déshonoré parmi les travailleurs des doctrines dont ils se réclament.

*Que faut-il penser des fêtes corporatives ou syndicales ?*
On doit les promouvoir et les développer.

*Quelle conduite tenir vis-à-vis des syndicats rouges ?*
Il faut les combattre pour les détruire.

*Faut-il mieux créer des syndicats « jaunes ? »*
Oui, alors même qu'on rencontrera des obstacles. Beaucoup de braves ouvriers ne sont pas inféodés aux « Rouges, » qu'il sera aisé de faire entrer chez les « Jaunes ; » et plusieurs qui ont suivi les socialistes, seront heureux de les lâcher pour s'unir avec nous. Et ce sera d'autant plus facile que déjà les ouvriers se rendent compte qu'ils sont bernés et exploités par les socialistes, dont les chefs sont plus ou moins tarés, enjuivés et francs-maçons...

*Pour quelles raisons certains syndicats, pleins de prospérité, au début, déclinent-ils après quelques mois d'existence ?*
D'abord, de ce que le camarade qui monte un syndicat n'envisage pas assez la responsabilité qu'il assume, et ne fait pas converger tous ses efforts vers ce but : faire vivre son syndicat.

*Qu'exigez-vous donc des chefs des syndicats ?*
Nos têtes de syndicats doivent travailler de leur métier, être à chaque instant à l'atelier, à l'usine, au milieu de leur troupe, pour connaître ses aspirations et ses besoins ; et de

plus, ils doivent être des ouvriers sérieux qui ne poussent pas à la grève et acceptent le programme des Jaunes.

*Comment se maintiennent et se développent certains syndicats jaunes ?*

De cette façon : — pas un chef n'est rétribué par son syndicat, d'une manière fixe, on le dédommage seulement du travail perdu, pour le bien général ; — les permanences au siège syndical sont gratuites et s'effectuent le soir, à tour de rôle ; et leurs groupements prospèrent et leur nombre va croissant.

*Quelle est la tâche la plus délicate dans un syndicat ?*

C'est celle du trésorier, qui est le pivot du groupement. — Il a la charge de faire le recouvrement des cotisations ; et ce recouvrement, il doit l'effectuer méthodiquement, à date fixe, sur le lieu de la paie, si possible ; à domicile serait préférable ; à la permanence, si on ne peut faire autrement.

*Que pensez-vous d'un syndicat dont les membres ne versent pas leur cotisation ?*

Un syndicat dont les membres ne cotisent pas est un syndicat fantôme ; tous les membres doivent avoir les mêmes droits, mais aussi les mêmes charges. Tous doivent payer régulièrement, sauf dans le cas d'extraordinaires exceptions : maladie, chômage, etc. Un camarade qui doit quatre mois n'en soldera pas six en une fois ; il faut être prudent, mais énergique, savoir radier les mauvais payeurs : ce sont des poids morts qui embarrassent la marche de nos groupements. J'estime qu'une association ouvrière de cinquante à soixante membres en parfaite communauté d'idées et acquittant ponctuellement leurs mensualités, est plus forte, plus énergique, plus influente, qu'une collectivité de cinq cents ouvriers, unis sans discipline et sans engagements pécuniaires réciproquement tenus.

## V. — A propos des Syndicats ; questions légales

*Qui peut se syndiquer ?*

Ceux-là seuls qui ont une profession définie.

Depuis quelques mois, entre autre, au ministère de la marine, il y a des syndicats de fonctionnaires.

*Faut-il, pour se syndiquer, que les ouvriers appartiennent à la même profession ou, du moins, à des professions similaires ?*

La formule de la loi est très large là-dessus. Toutes les formes de syndicats mixtes, entre patrons et ouvriers, sont licites. On peut grouper ensemble ou par catégories distinctes, tous les employés du commerce et de l'industrie ; comme il est possible, par ailleurs, de violer la loi en ouvrant trop largement les portes.

*Est-il permis de former un syndicat entre catholiques seulement ? Et peut-on insérer dans les statuts qu'il sera dit une messe chaque année ; que l'on exclut les membres affiliés à des sociétés secrètes et que l'on n'admet pas les juifs ou les protestants, etc... ?*

Oui, cela est permis ; mais à condition que le syndicat s'occupe exclusivement de l'étude et de la défense des intérêts économiques, industriels, commerciaux et agricoles. S'il se transforme en comité électoral et s'il subventionne les journaux, s'il devient une confrérie et organise des retraites et des pèlerinages, il sort du cadre de la loi de 1884, et il encourt les sévérités de l'article 9.

En tout cas, nous ne préconisons point cette forme d'association.

*Peut-on renvoyer qui l'on veut d'un syndicat ?*

Oui, mais il est très important que les motifs d'exclusion soient exprimés d'une façon très précise dans les statuts, car le membre frappé d'exclusion, peut s'adresser aux tribunaux, et ceux-ci sont fort sévères. De plus, il faut toujours laisser au membre que l'on veut exclure, la possibilité de se défendre ; de même qu'on ne peut le retenir de force dans le syndicat, ni l'exclure d'une société de secours mutuels, si les statuts ne l'ont pas signifié.

*Quelles sont les formalités administratives imposées aux syndicats ?*

Les fondateurs doivent déposer : 1° les statuts ; 2° les noms des administrateurs ou directeurs, à la mairie de la localité où le syndicat doit avoir son siège ; et pour Paris, à la Préfecture de la Seine. Ce dépôt doit être fait, en double exemplaire, et avant que le syndicat fonctionne effectivement. Pour les sociétés de secours mutuels, le dépôt se fait à la sous-préfecture ou à la préfecture, mais pas à la mairie ; et un mois au plus tard avant le fonctionnement de la société, délai qui n'existe pas en matière de syndicat.

*Au sujet du bureau de placement, quels sont les droits du syndicat ?*

Le syndicat peut l'organiser à son gré.

*Le syndicat peut-il créer légalement une société coopérative ?*

Oui, et cette société achètera et répartira entre les *seuls* adhérents du syndicat les objets achetés, pour échapper à la patente. Il ne faut pas oublier que tout service d'achat en commun et de distribution, doit être normalement le fait d'une coopérative et non d'un syndicat, auquel tout commerce est interdit.

*Que dire du patrimoine provenant des cotisations des libéralités faites au syndicat ?*

Le syndicat peut le détenir et l'employer à son gré, en restant dans le respect de ses statuts.

*Comment faut-il s'y prendre pour créer des syndicats ?*

Le mieux, c'est tout d'abord de convoquer à des délibérations préliminaires des ouvriers intelligents qui rédigeront

les statuts et étudieront sérieusement de quel côté on diri-
gera l'activité ; ils constitueront un bureau composé de véritables ouvriers avec un membre conseiller, qui n'aura rien à
voir dans la direction, mais donnera seulement l'assistance
de ses conseils juridiques, économiques, etc.

*Sur quels points l'intervention des syndicats peut-elle s'exercer ?*
Sur l'instruction professionnelle ; sur le contrat de travail ;
sur la durée et l'organisation du travail, les salaires, etc., etc.

*Qu'entendez-vous par l'instruction professionnelle ?*
J'entends des cours de comptabilité, de dessin, de tis-
sage, etc. ; des conférences techniques, des visites d'usines et
de chantiers, des livres clairs et pratiques destinés à perfec-
tionner l'instruction des ouvriers.

*Que peuvent les syndicats au sujet du contrat de travail ?*
Ils peuvent grouper tous les travailleurs d'une profession
qui s'entendent pour n'accepter du travail qu'à tel prix et
dans telles ou telles conditions ; et il n'y a rien à dire à cela,
si le prix et les conditions du travail réclamés par les ouvriers
sont justes et raisonnables.

C'est là une arme dont on peut user légitimement contre
l'égoïsme et l'exploitation de certains patrons.

Mais les ouvriers, syndiqués ou non-syndiqués, qui font
avec les patrons des conventions qui leur plaisent et acceptent du travail dans des conditions refusées ou critiquées par
leurs camarades, resteront toujours libres, alors même qu'ils
auraient plus d'avantages à n'accepter qu'un contrat collectif.

*Quant à la durée du travail, à l'hygiène et à la sécurité des ou-
vriers, que peuvent les syndicats ?*
Ils peuvent, par des démarches officielles, s'entendre avec
les patrons et les inspecteurs du travail ; ce sera un service
rendu aux ouvriers.

# VI. — Constitution et Statuts des Syndicats ou des Unions professionnelles.

*Quels moyens pratiques doivent être employés pour constituer des syndicats ?*

Pour cela, on pourrait d'abord former des secrétariats ouvriers, c'est-à-dire grouper des hommes de bonne volonté qui se mettraient à la disposition des ouvriers et leur donneraient les conseils juridiques et pratiques.

*Ces secrétariats formés, quel sera leur rôle ?*

Avant tout, ils protégeront tous les intérêts des travailleurs ; puis ils se préoccuperont, d'une façon particulière, de créer des syndicats ou unions professionnelles, en assistant les ouvriers intelligents et dévoués qui s'emploieront à grouper leurs camarades.

*Les secrétariats doivent-ils disparaître après la création des syndicats ?*

Non ; ils resteront comme des centres de direction et de coordination, jusqu'au moment où les syndicats eux-mêmes seront assez parfaits pour se passer de tout appui étranger.

*N'y a-t-il pas une autre voie éminemment pratique pour constituer des syndicats ?*

Oui, c'est d'aider l'évolution graduelle, le perfectionnement naturel des sociétés de secours mutuels. Aujourd'hui, ces sociétés sont le plus souvent formées par la *réunion indistincte* d'ouvriers de tout métier ; elles se bornent presque exclusivement au secours en cas de maladie. Cette formation et cette façon de pourvoir au bien-être des travailleurs sont primitives ; elles ne répondent pas entièrement au progrès des idées et des besoins du moment présent.

*Est-il difficile d'améliorer les sociétés de secours mutuels?*

Non ; il suffit d'un petit effort pour aller plus loin, pour défendre et protéger les ouvriers et leurs intérêts moraux et matériels.

*Comment ce résultat s'obtiendra-t-il?*

Si la société de secours mutuels divise ses membres par groupes, répondant aux arts, métiers, professions, qu'ils exercent et en forme des syndicats distincts. A ces groupes, viendront naturellement s'inscrire d'autres ouvriers des mêmes professions, attirés par le désir de profiter d'abord du secours mutuel, but premier de la société.

*Existe-t-il un autre moyen de préparer la création des syndicats?*

Ce serait de réunir les ouvriers de professions homogènes, semblables ou connexes, en vue de résultats économiques, dans des coopératives ou institutions du même genre qui attirent forcément les ouvriers.

*Mais, pourquoi ces moyens détournés, et pourquoi ne pas constituer d'abord des syndicats?*

Parce que trop souvent, les ouvriers se méfient des syndicats dont ils ne voient que les inconvénients chez les « Rouges, » qui ne s'en servent, souvent, hélas ! que pour fomenter les grèves.

*Pouvez-vous nous donner un modèle de statuts de syndicats?*

Très volontiers ; mais je vous ferai remarquer que ces statuts peuvent être modifiés, simplifiés ou augmentés à volonté.

# SYNDICAT JAUNE PROFESSIONNEL
## DES OUVRIERS OU DES EMPLOYÉS DE BUREAUX

### STATUTS
(Adoptés dans la séance du......190 )

### CHAPITRE PREMIER
#### Titre et formation.

ARTICLE PREMIER. — Il est formé dans la corporation des..... une société ayant pour titre *Syndicat Jaune profession- nel des Ouvriers de.....* ( Indiquer la localité. )

ART. 2. — La durée de cette société est illimitée, ainsi que le nombre de ses adhérents.

### CHAPITRE II
#### But du Syndicat.

ART. 3. — Le Syndicat a pour but de faire tout ce qui est en son pouvoir pour procurer du travail à ses membres.

De resserrer les liens de bonne confraternité de la corporation.

De venir en aide matériellement et, par ses conseils à ses membres, de défendre leurs intérêts.

### CHAPITRE III

ART. 4. — Pour être admis dans le Syndicat, il faut justifier de sa qualité d'ouvrier ou employé, et être présenté par deux syndiqués.

ART. 5. — Tout employé ou employée, ouvrier ou ouvrière peuvent faire partie du Syndicat, quels que soient leur âge et leur nationalité.

ART. 6. — Tout syndiqué est tenu de verser une cotisation mensuelle de... centimes.

ART. 7. — En se faisant inscrire, tout nouvel adhérent doit verser une somme de... franc contre la remise d'un livret individuel, contenant les statuts du Syndicat.

Cette somme de... franc comprend la cotisation mensuelle de... centimes, le reste devant servir à couvrir les frais du livret.

ART. 8. — La présentation aura lieu en Conseil syndical, qui statuera sur l'admission, et celle-ci sera définitive aussitôt l'acceptation.

ART. 9. — Le nouveau syndiqué sera redevable de ses cotisations, jouira de tous les droits et avantages des autres sociétaires, en même temps qu'il sera tenu aux mêmes charges, à partir du commencement du trimestre dans lequel aura lieu son admission.

ART. 10. — Le Conseil syndical peut refuser l'entrée du Syndicat à l'employé qu'il jugera indigne, sans être tenu d'en indiquer les motifs.

ART. 11. — Le Conseil syndical peut aussi prononcer l'exclusion du Syndicat de tout syndiqué quand il le jugera convenable.

ART. 12. — Tous les syndiqués étant égaux en droits et en devoirs, il ne peut être admis de membres honoraires.

ART. 13. — Tout syndiqué doit s'intéresser et veiller à l'hygiène du bureau et à l'application des lois ouvrières.

ART. 14. — Tout adhérent a le droit de se retirer, démissionner momentanément ou définitivement du Syndicat.

Les sommes versées par lui seront acquises à la caisse sociale.

ART. 15. — En cas de décès ou d'exclusion, l'article 14 sera appliqué sans restriction.

ART. 16. — Tout membre qui, au cours d'une réunion,

proférerait des paroles injurieuses, sera amendable de 1 franc, après approbation de la majorité des membres présents.

Art. 17. — Une société de secours mutuels sera créée entre les ouvriers syndiqués.

Art. 18. — Toute discussion politique ou religieuse est rigoureusement interdite.

*Président,*
X***

*Vice-Président,*
X***

*Secrétaire,*
X***

*Secrétaire-adjoint,*
X***

*Trésorier,*
X***

*Remarque.* — Ces Statuts sont imprimés dans un carnet cartonné, qu'on remet à chacun des syndiqués.

## VII. — Les Camarades.

*Que sont les camarades ?*

Ce sont les ouvriers du même métier ou de métiers divers, qui tous gagnent leur pain avec le travail de leurs mains et mènent la même vie laborieuse, pauvre et rude.

*Quels sont les sentiments qui doivent rendre chers les camarades ?*

C'est l'égalité du même sort, des même épreuves qui fait de tous les ouvriers des frères ; ce sont les encouragements et les bons exemples que se donnent et reçoivent les ouvriers entre eux ; c'est le secours et l'assistance qu'ils se procurent dans le travail commun ; c'est, enfin, l'épreuve partagée.

*Comment les ouvriers doivent-ils se comporter vis-à-vis de leurs camarades ?*

Avec affection et dévouement, se rendant tous les services possibles réciproquement et s'appliquant à diminuer le labeur et les peines les uns des autres.

*D'où proviennent les discordes et les animosités entre camarades ?*

Du manque de bonté: on ne sait pas supporter une parole brusque ou grossière de la part d'un camarade qui n'y a pas mis de malice probablement ; on rend œil pour œil, dent pour dent ; on manque de charité ; on refuse de rendre service à un camarade ; on ne cache pas assez ses défauts ; on se moque de lui ; on le méprise.

*Les ouvriers doivent-ils se supporter entre eux?*

Oui, et il faudrait qu'on puisse dire d'eux ce que l'on disait des premiers chrétiens : « Voyez comme ils s'aiment. » D'ailleurs, il est incontestable qu'il en est ainsi dans la classe ouvrière, qui sent le besoin de former une grande famille, et c'est ce qui se produit surtout par les syndicats.

*La camaraderie entre ouvriers n'est-elle pas, par ailleurs, un danger ?*

Il y a toujours en effet des camarades soit plus habiles, soit plus hâbleurs qui exercent sur les autres une influence mauvaise par leurs discours ou leurs exemples.

Ce sont des brebis galeuses qui infectent tout le troupeau ?

*Que faut-il faire?*

Réagir contre cette influence et ne se laisser diriger que par les camarades sérieux, honnêtes, laborieux. Que tous les bons ouvriers d'un atelier, d'une usine, d'un chantier se serrent les uns contre les autres pour ne pas se laisser conduire par les mauvais bergers du socialisme, de l'athéisme ou de la débauche. Il y a va de leur dignité ou de leur vertu.

*Mais c'est difficile de faire bande à part et de se soustraire à l'influence des mauvais camarades ?*

Sans doute, et l'expérience ne le prouve que trop, hélas ! Toutefois, vous comprenez que c'est nécessaire, et vous devez vous rendre indépendants, eussiez-vous à souffrir les quolibets, les mépris, les injures des mauvaises têtes ....

*Doit-on chercher à exercer une salutaire influence sur les autres ?*

Oh ! oui ; et il faudrait que partout se trouvent des ouvriers raisonnables et instruits qui soient apôtres auprès de leurs camarades et qui s'appliquent à réformer leurs idées, à leur prêcher l'amour du travail, la sobriété et le respect de la religion.

*Comment exercer cet apostolat ?*

En commençant par donner le bon exemple à vos camarades ; en vous montrant aimables, indulgents et serviables à leur égard ; en les entretenant en particulier et amicalement ; en leur prêtant de bons livres et leur faisant lire de bons journaux ; en montrant où les mèneraient les excitations révolutionnaires et impies des socialistes, etc...

*N'est-ce pas ce que font les « Jaunes » ?*

Oui, heureusement, et il faut souhaiter que les « Jaunes » multiplient leur nombre et étendent leur action de jour en jour pour le salut et le bonheur de la classe ouvrière.

## VIII. — Les Grèves.

*Qu'est-ce que la grève ?*

C'est le refus de travailler de la part d'un groupe ou de tous les ouvriers d'une maison, d'une usine, d'un atelier.

*Quels sont les motifs des grèves ?*

Tantôt, ce sont les revendications pour les augmentations de salaire, ou la dimimution des heures de travail ; d'autres fois, les ouvriers se mettent en grève pour obtenir le renvoi d'un chef ou contre-maître ; ou encore, pour protester contre des atteintes patronales à la liberté syndicale.

*Que produit une grève ?*

Souvent la ruine, toujours le dommage du patron, mais plus souvent encore la misère chez l'ouvrier qui, ne travaillant plus et n'étant pas secouru, accumule des dettes, perd beaucoup d'argent et risque sinon de perdre son emploi, du moins de le rendre inutile, par suite des longs chômages qui suivent les grèves, dans les ateliers et usines désertés par la clientèle.

*Doit-on exciter à la grève ?*

Il y a « des spécialistes, » des agents de révolution par la grève qui, parmi les socialistes, font profession de fomenter les grèves et dont les ouvriers doivent se défier. En principe, il faut plutôt craindre que désirer la grève. — En pratique, la grève, même victorieuse pour les intérêts momentanés des belligérants ouvriers, est toujours meurtrière ensuite dans les résultats qu'elle entraîne et les ruines qu'elle a suscitées.

*Mais si les patrons ne veulent point entendre les revendications des ouvriers ?*

Même dans ce cas, il s'agira pour les ouvriers de savoir s'ils ont intérêt à la grève, c'est-à-dire si, en provoquant le chômage pour un temps indéterminé, ils ne reculeront pas la date à laquelle leurs revendications légitimes seraient acceptées. En tous cas, jamais la grève ne doit être que le dernier moyen de revendication, quand tous les autres ont été épuisés.

*Les grévistes ne sont-ils pas autorisés à forcer tous leurs camarades à les imiter ?*

On comprend que les grévistes, pour donner plus de portée à leurs exigences auprès des patrons, souhaitent que tous leurs camarades cessent comme eux de travailler, et ils peuvent essayer de les persuader et les engager à suivre leur exemple ; mais il est incontestable qu'ils n'ont pas le droit de frapper, d'insulter les ouvriers qui veulent continuer à travailler, surtout quand la grève est faite en haine du patron et sans motif sérieux, quand les revendications des grévistes ne portent que sur les intérêts de quelques-uns, ou quand, l'amour-propre d'un meneur est seul en jeu.

*N'empêche que souvent les grèves ont imposé aux patrons des concessions avantageuses à leurs ouvriers ?*

C'est incontestable, dans quelques rares circonstances ; et à cause de cela, on ne saurait condamner en bloc les ouvriers grévistes ; mais tout le monde sera d'avis que si une grève obtient quelque chose, elle occasionne trop d'iconvénients pour ne pas être regardée comme un pis-aller, un remède parfois pire que le mal et qu'il faut tâcher à tout prix d'éviter. En tout cas, il n'est pas d'exemple qu'une organisation ouvrière puissante et saine soit obligée de recourir à cet expédient désespéré.

*Mais la grève ne s'impose-t-elle pas, parfois ?*

Peut-être, quand c'est le seul moyen d'obtenir justice de la part des patrons ; encore faudrait-il être sûr que ce moyen réussira ; et, si l'on est sûr de la réussite, par ce moyen, il faut avant tout s'assurer que les mêmes résultats ne pourraient être obtenus *en travaillant*. Le travail n'empêchant point les revendications.

*Comment éviter les grèves ?*

En ne se laissant pas emballer par certains camarades plus ardents que sages ; en ne voulant pas l'impossible au sujet du salaire ou du travail ; en se concertant sans parti-pris entre ouvriers ; surtout en discutant loyalement, amicalement avec les patrons.

*Que prouverait la diminution des grèves, si elle se produisait ?*

Cette diminution prouverait que les ouvriers prennent peu à peu conscience de leurs véritables intérêts et se montrent plus perspicaces dans leurs revendications ; et aussi que

les patrons comprennent mieux leurs obligations et traitent
leurs ouvriers avec plus de justice.

*Peut-on espérer qu'il n'y aura bientôt plus de grève?*

Si on ne peut l'espérer, on doit le souhaiter, alors même
qu'en divers lieux les ouvriers se révoltent avec raison. La
paix et la bonne entente devraient régner entre patrons et
ouvriers, et les syndicats « jaunes » fédérés et puissants,
pourront seuls inspirer la justice et la charité aux patrons
à l'égard de leurs ouvriers, et l'estime et l'affection des
ouvriers à l'égard de leurs patrons.

*Quel serait le remède social des grèves ?*

Ce serait que les patrons consentissent délibérément à une
entente en plein jour avec les syndicats « jaunes » qui se
réclament de l'union entre patrons et ouvriers ; ce serait
surtout, l'étude en commun accord, d'un système qui ferait
participer les ouvriers aux bénéfices du travail. Alors le sort
des ouvriers se trouverait amélioré, et ils ne voudraient plus
cesser le travail de peur de se faire tort à eux-mêmes plus
encore qu'aux patrons..... Ils s'intéresseraient mieux à leur
métier, si la participation avait impliqué un achat d'action
financière, une petite part du capital.

*N'est-ce pas là un rêve irréalisable ?*

Non, puisque déjà beaucoup de maisons, d'usines, ont
pour actionnaires, un grand nombre de leurs ouvriers et
s'en trouvent bien.

*Qui donc étendra cette participation aux bénéfices?*

Les syndicats jaunes qui entreprendront une campagne à
ce sujet, pour appliquer un des points de leur programme.

Donc, vive les Jaunes !

## IX. — Les socialistes.

*Qu'est-ce que le socialisme?*

C'est une doctrine et une action qui ont pour but principal d'assurer, dans la société, la paix et le bien-être pour tous, pauvres et riches.

*Le socialisme en soi, est donc une chose louable?*

Oui, mais malheureusement, ceux qui s'appellent « socialistes » ont, par leurs doctrines et leurs excès, rendu suspect et odieux le socialisme.

*Quelles sont les doctrines des socialistes?*

C'est difficile à dire, car il y a socialistes et socialistes, de conceptions et revendications si différentes, que c'est maintenant une véritable confusion.

*Ne pouvez-vous pas nous dire, cependant, quels sont les désirs des socialistes, quelle que soit leur école?*

Ils voudraient qu'il n'y ait plus de riches, ou que la richesse soit partagée également entre tous, de façon que les ouvriers n'eussent pas plus à travailler manuellement que les bourgeois. D'après leur système, il n'y aurait d'ailleurs plus ni bourgeois ni ouvriers, mais des hommes égaux, dans une société dont seraient abolis les principes de la propriété et de la hiérarchie.

*Comment arriver à cela d'après eux?*

Oh ! c'est bien simple ! L'État socialiste dépouillera tous les riches, et deviendra seul et unique propriétaire ; et lorsqu'il en sera ainsi, le même État ne manquera pas de distribuer largement la manne d'or, d'argent et de faveurs, qu'il aura ainsi concentrée, aux meneurs, devenus fonctionnaires, chefs, directeurs, etc., etc., formant de la sorte une nouvelle féodalité issue de la violence et de l'arbitraire.

*Que faut-il penser des socialistes ?*

Ce sont des farceurs ou des « gobeurs, qui voudraient nous faire prendre « leurs vessies pour des lanternes. » Jamais ils ne réaliseront leurs rêves chimériques, et toujours il y aura des inégalités inhérentes à la nature humaine, des riches et des pauvres sur terre. La société n'existerait pas sans cela, car, si tous étaient riches également, personne ne voudrait plus travailler pour le présent, l'avenir serait la famine, et tout le monde tomberait dans la misère après une période effroyable d'anarchie et de corruption.

*D'où vient leur socialisme ?*

D'Allemagne ou plutôt des juifs qui, sans patrie ni mœurs sociales, conciliables avec les autres peuples, s'attachent à dénigrer la société. Karl Marx était juif, et combien d'autres révoltés qui, sous prétexte de défendre la classe ouvrière, l'ont poussée au chambardement universel, à la haine des capitalistes, à l'envie, à la cupidité, à l'athéisme, n'obéissant en cela qu'aux passions confessionnelles et aux mystérieux desseins qui animent les races parasitaires comme la race juive.

*Les socialistes sont donc les ennemis de Dieu, de la société, de l'ouvrier et de la Patrie ?*

Oui, ils sont ennemis de tout ce qui est Foi, Charité, Tradition, etc., etc. Ils attaquent la patience, la tempérance, la chasteté, les prières et les religions dont ils ne veulent pas ! Ils sont ennemis de la société qu'ils voudraient non pas réformer, mais bouleverser, en supprimant toutes les autorités et en rêvant une égalité impossible ! Ils sont les ennemis de l'ouvrier qu'ils irritent, qu'ils exploitent, qu'ils bernent et auquel ils enlèvent la confiance, l'espérance, l'amour du travail, la pratique des vertus civiques et morales et l'espoir d'une vie meilleure ; tous sentiments qui font la grandeur et le bonheur des peuples et des nations.

*Mais cependant, ce sont les socialistes qui ont les premiers organisé les Syndicats et les Unions ouvrières, si utiles ?*

Il serait plus juste de dire, qu'ils furent les premiers à *utiliser* les organisations ouvrières et la tactique syndicaliste pour leurs desseins ; toutefois, nous croyons qu'ils ont été animés, dans le commencement, du désir sincère d'améliorer le sort de la classe ouvrière ; depuis, ils se sont livrés aux Juifs, qui subventionnent tous leurs journaux, aux politiciens qui subventionnent leurs Bourses et leurs chefs pour se faire élire députés, conseillers, etc., par les ouvriers ; si bien qu'ils n'ont plus le temps maintenant, ni même la pensée de s'occuper des intérêts véritables de la classe laborieuse.

*Quels sont les chefs socialistes ?*

Leurs noms sont bien connus ; ce sont les Guesde, les Millerand, Vaillant, etc... tous cossus et bien rentés (à part de très rares exceptions), et qui se soucient aussi peu de la misère et des souffrances du peuple que de leur première culotte !

*Que doit faire l'ouvrier en face des socialistes?*

Ce qu'ont fait les « Jaunes, » c'est-à-dire s'en séparer, se soustraire à leur tyrannie et s'organiser en syndicats indépendants et libres.

*Peut-on espérer détruire le mouvement de leur socialisme en France?*

Oui ; et déjà ça se décolle et ça craque parmi les rouges ; ils font plus de bruit que de besogne, et leurs Bourses, en réalité, ne groupent guère d'ouvriers. Le jour où ces derniers comprendront qu'ils ont été bernés et dupés — et ça commence — ils élèveront partout des Bourses libres de travail, et nos adversaires seront vaincus faute de combattants !

*Mais, ce résultat ne s'obtiendra pas facilement ?*

Non évidemment, car les meneurs socialistes tiennent l'assiette au beurre et sont forts par l'argent dont ils disposent ; toutefois, les honnêtes travailleurs de France ne doivent pas s'effrayer : qu'ils serrent leurs rangs, et ils iront à la victoire !

## X. — Le socialisme et la propriété individuelle.

*Quelle est l'idée du socialisme par rapport à la propriété individuelle ?*

Autant qu'on peut le comprendre, d'après les déclarations des chefs socialistes, cette idée consiste à supprimer la propriété individuelle des capitalistes ou des riches, pour la distribuer aux prolétaires en la constituant en propriété collective nationale, communale ou corporative.

*Doit-on blâmer absolument le système de la propriété collective ?*

Non, et nous ne faisons pas d'objection à ce que l'État soit propriétaire, pas plus que la Commune ou une association ouvrière, quoique nous n'ayons guère confiance dans la justice distributive ou dans la bonne gestion des biens de l'État, etc... et que nous estimons que, souvent, la propriété et l'industrie privées sont plus avantageuses.

*Quelle est la propriété individuelle que veut abolir le socialisme ?*

« C'est, selon M. Renard, la propriété qui produit automatiquement rente et intérêt et qui permet au propriétaire de rejeter sur autrui le fardeau du travail, car le capitaliste peut ainsi, sans rien faire, vivre de la part prélevée sur le travail des autres. »

*Que ferait le socialisme en supprimant cette propriété ?*

Il purgerait, c'est vrai, la société de tous les oisifs impro-

ductifs et parasites, tels que sont tant de financiers juifs ;
mais, d'un autre côté, il oublie qu'il y a plus d'inconvénients
que d'avantages dans cette suppression.

*En effet, la propriété capitaliste personnelle est avantageuse à la
société.*

On peut affirmer que les capitalistes complètement inu-
tiles à la société qui les nourrit sont beaucoup plus rares que
les socialistes ne le prêchent à la foule des salariés.

*Par exemple?*

Qui niera que les patrons et chefs d'industries dont les
capitaux sont employés à fournir du travail et à donner des
salaires à leurs ouvriers, soient utiles à la société ?

*Est-il encore travail plus utile au progrès croissant de la collec-
tivité entière dans la justice et la solidarité,* que celui :

1° De ces riches qui, bien dotés de la fortune, s'adon-
nent, par devoir ou par goût, soit à quelque profession libé-
rale, soit à des travaux dont la société tire un visible avantage ;

2° Des grands propriétaires terriens qui rendent à l'agriculture tant de services et dont l'action sociale, en même
temps que l'influence morale et politique s'exerce sur tout
le territoire, en dirigeant, éclairant et relevant le peuple et
améliorant son sort.

*Mais les riches qui paraissent oisifs, parce qu'ils ne sont à la
tête d'aucun travail, d'aucune affaire et qu'ils ne vivent que de
revenus produits par d'autres?*

Ceux-là mêmes se rendent utiles à la société et contri-
buent à sa vie supérieure, qui est celle de l'esprit et de l'âme.
Ils l'attirent vers un plus haut degré de civilisation, stimu-
lent les lettres et les arts de mille manières, etc...

*La suppression ou l'expropriation des riches et des capitalistes,
rêvée et prêchée par les socialistes, serait donc un crime et une folie?*

Rien n'est plus évident et l'on ne saurait trop le répéter

au peuple qui perdrait bien plus qu'il ne gagnerait à ce qu'il n'y eut plus de riches.

*Que veulent les « Jaunes » sur ce point de la propriété individuelle?*

Nous l'avons dit plusieurs fois et nous tenons à le répéter : « Nous voulons que tout le monde devienne propriétaire et monte quelques degrés de l'échelle de l'existence, en s'éloignant de plus en plus de la nécessité impérieuse de gagner laborieusement sa vie. Nous laissons leurs richesses aux capitalistes et nous tendons à ce que le dernier des ouvriers devienne lui aussi au moins un petit capitaliste.

*Que résulterait-il de la mise en pratique (dans la société rêvée par socialistes-collectivistes), de l'obligation universelle et absolue de gagner soi-même sa vie par un travail personnel reconnu utile à la collectivité humaine?*

Il en résulterait des difficultés inextricables. Et puis, si vous obligiez chacun à travailler pour vivre, qui donc s'intéresserait à ce qui ne rentre point dans l'objet de son travail et la nécessité de sa propre existence ?

*Que conclure de tout cela ?*

A moins de renoncer à l'utilité sociale, au service de civilisation et de progrès que produisent les classes riches, (économiquement improductives), l'on doit admettre que des citoyens ont le droit de posséder de quoi vivre sans gagner leur vie, et que des particuliers peuvent, tout comme les associations ouvrières, jouir de la propriété des « moyens capitalistes. » Ce sont les exigences de l'intérêt social bien compris.

(Ce chapitre nous a été inspiré par un article très remarquable du député abbé Gayraud, dont nous avons reproduit presque mot pour mot l'argumentation serrée et lumineuse).

## XI. — Les faux bergers du peuple et le socialisme d'État.

*Qu'appelez-vous faux bergers?*

Ce sont tous ces docteurs de socialisme communiste, collectiviste et anarchiste, qui trompent le peuple et l'entraînent par leurs écrits et leurs discours dans la voie des utopies et de la misère.

*Quelles sont leurs doctrines?*

Elles consistent dans la suppression de la propriété individuelle, dans une nouvelle répartition de la richesse, dans une nouvelle morale qui justifie les passions.

*Comment les socialistes espèrent-ils opérer une semblable révolution dans la Société?*

C'est bien simple pour eux. S'ils arrivent à se faire élire députés, ministres, conseillers municipaux, ils supprimeront, de force, la propriété; l'État deviendra seul propriétaire et se chargera (vas y voir!) de diviser, une fois pour toutes, les biens en portions égales, entre les membres de la Société.

L'État accaparerait aussi toutes les industries, deviendrait pharmacien, commerçant, usinier; et tous les citoyens seraient ses salariés, heureux et riches, (Dieu sait comme!!!)

*Alors vous niez que l'État puisse être la providence créée de l'homme?*

L'État ne doit pas se substituer à la personnalité humaine, ce serait la pire des tyrannies.

*La propriété est donc avantageuse à chaque particulier?*

Oui, parce que la perspective de l'acquérir est le mobile qui porte l'homme au travail.

Parce que la propriété constitue au citoyen une force et une dignité.

4

Parce qu'enfin la propriété est la sécurité des familles, permettant au père de famille de préparer l'avenir de ses enfants, en leur créant, à force d'énergie et de labeur, un patrimoine qui les aide à se défendre contre toutes les surprises de la mauvaise fortune.

*Qu'arriverait-il si l'État devenait seul propriétaire ?*

Le jour où l'État, devenu seul propriétaire, serait chargé de rémunérer le travail, chacun se plaindrait de n'avoir pas sa part proportionnelle ou de voir les paresseux admis à partager le dividende aux mêmes conditions que les laborieux ; ceux dont les besoins seraient urgents et les charges de famille lourdes, mis sur le même pied que ceux qui ne ressentent aucune gêne, etc. Ce seraient l'anarchie, la jalousie, la haine, la discorde, en permanence, dans la Société.

*Que faut-il alors désirer ?*

Il faut désirer que les individus restent ou deviennent tous propriétaires ; les ouvriers, co-propriétaires des usines, par la possessions d'actions financières ; et propriétaires de leur maison, de leurs outils, par l'argent qu'ils auront gagné en travaillant et qu'ils auront économisé, ou que leur procurera l'intérêt des actions qu'ils auront prises dans les industries où ils sont employés.

*Les ouvriers doivent dès lors se défier des meneurs socialistes ?*

Oui, car ceux-ci leur promettent la lune... En s'attaquant à la propriété, « aux proprios » comme ils disent, en cherchant à les ruiner, ils exposent les ouvriers à tomber dans la misère, car le jour où il n'y aurait plus de propriété, il n'y aurait plus de liberté.

*Mais ce serait l'État qui deviendrait seul propriétaire ?*

Ah ! oui, parlons-en de l'État, devenu seul propriétaire et seul patron ! Vous verriez bientôt, mes chers camaros, si l'État vous embaucherait tous, et surtout comment il vous traiterait, et vous paierait! Demandez aux employés des postes... si leur patron, l'État, les traite mieux que les patrons-individus, et s'ils ont gagné à devenir les esclaves de cet État sans cœur, et souvent, sans le sou, pour payer ses entrepreneurs ou ses employés!

*Alors, d'après vous, il vaut mieux que les choses restent comme elles sont ?*

Oui, il vaut mieux pour l'ouvrier, avoir affaire à un patron qui le paie convenablement et le fasse travailler, sans s'occuper de ses opinions politiques ou religieuses, que de dépendre de l'État qui lui, est souvent un tyran, vous paie le moins possible, vous impose ses doctrines, et vous casse et vous brise (comme il le fait pour les fonctionnaires).....  si vous n'approuvez pas tout ce qu'il fait.

## ARTICLE PARU DANS LE « JAUNE »

### Réformistes et révolutionnaires.

#### 24 août 1904.

J'ai assisté hier au soir mardi, salle de l'Harmonie, 94, rue d'Angoulême, à une controverse syndicaliste entre Paul Fribourg, conseiller municipal, « réformiste et révolutionnaire, » et Ernest Girault, secrétaire du « Libre Examen » (libertaire?)

La jeunesse syndicaliste présentait ainsi le sujet : Le syndicalisme doit il être antiparlementaire.

Girault, qui parla le premier, reprit cette thèse de Greffuehles : « Les intérêts des ouvriers étant opposés à ceux des patrons, il ne peut y avoir entente entre eux. Par conséquent ceux qui poursuivent cette entente sont des Jaunes. La fédération du *Livre* et la fédération des *Mécaniciens* sont des Jaunes, parce que ces réformistes cherchent l'accord du capital et du travail, des employeurs et des employés ; leur place est

avec les Jaunes et Biétry. Du reste, un chef jaune les a qualifiés de jaunes honteux.

« Le syndicalisme officiel que les réformistes préconisent
et développent avec les subventions qu'ils quémandent, augmente le fonctionnarisme, leur a valu des sinécures et a créé
l'armée des arrivistes, en détruisant dans la classe ouvrière
l'esprit révolutionnaire qui seul peut l'affranchir.

Pendant 35 minutes, il a préconisé les moyens violents,
rejetant les lois, les pouvoirs publics, le parlementarisme et
toute tentative d'entente pour les rapports sociaux ; méconn-
aissant tous devoirs et même l'honnêteté, qui, pour lui,
sont préjugés. »

Fribourg a répondu et démontré, pendant 40 minutes, que
la légalité est indispensable dans les syndicats, que l'intervention des pouvoirs publics amène et active les réformes
nécessaires aux ouvriers, qu'ils doivent donc se servir de
toutes les institutions, qu'en définitive, c'est un moyen diffé-
rent d'arriver au même but de la transformation sociale, et
il s'est chaudement déclaré un révolutionnaire.

Alors la controverse a commencé pour durer 40 minutes.
Girault a contesté le titre de révolutionnaire aux réformistes
qui, dit-il, sont des arrivistes et des politiciens.

Fribourg riposte que la politique est partout et que chacun
en fait pour son compte, mais qu'elle doit être bannie des
syndicats, et lance cette exclamation : « *Où commence le politi-
cien ?* » ce qui soulève des allusions désagréables pour chaque
orateur et pour le parti qu'il représente.

En réalité, c'est le linge salé des syndicats rouges, qui se
lave : *l'on voit que les réformistes sont capables de toutes les bas-
sesses* pour obtenir des places, *et que les libertaires sont entrés dans
les syndicats quand les emplois y ont été rétribués.* Girault est
violent de langage et d'attitude, mais ça n'ira pas plus loin
que la table.

Fribourg, calme et plus habile, n'arrive cependant pas à répondre oui ou non, à cette question : « *Puisque les syndicats reconnaissent les lois et les pouvoirs publics, qu'ils sollicitent les législateurs et les municipalités, qu'ils s'occupent d'élections, font-ils de la politique ?* »

Il a tourné l'aveu qui lui était demandé, et c'est sur des quiproquos que la réunion a pris fin. Je puis dire en toute impartialité, A LA CONFUSION DES DEUX PARTIS.

Personnellement, je suis satisfait de ma soirée qui m'a démontré une fois de plus que le syndicalisme des libertaires peut faire du bruit, mais pas d'action durable et qu'il perd ses chances d'adhésion. Quant au syndicalisme des réformistes rouges, il se perd par l'imprécision du but à atteindre et des moyens à employer et cette imprécision n'est pas la conséquence d'ignorance et d'inaptitude, mais du manque de sincérité. Ces syndicalistes sont des politiciens, des doublures de politiciens qui trompent les ouvriers en essayant de les enlizer dans un organisme d'État, qu'ils n'osent avouer tant ils sont sûrs de n'être pas suivis. Et voilà pourquoi ils prêchent par instants l'entente entre employés et employeurs et qu'après ils se retournent en criant : « Sus au patronat et lutte de classes ! »

Ces réformistes sont des faux « rouges » et de faux « jaunes, » les *doubles faces* du syndicalisme, domestiqués à la politique, et leurs syndicats sont des souricières où les ouvriers regrettent de s'engager.

Ces controverses syndicales démontrent péremptoirement qu'il n'y a que deux sortes de syndicats, les *rouges révolutionnaires* et les *jaunes réformateurs*.

Quand on est partisan de l'entente entre patrons et ouvriers, que l'on poursuit cette entente tant qu'elle est compatible avec sa dignité et ses intérêts, et par des réformes successives, on améliore continuellement sa condition d'ouvrier, s'appuyant sur les lois, utilisant tout l'organisme social. Quand on fait tout cela, d'après un programme précis, alors on est Jaune réformateur.

Si, au contraire, on croit et déclare que toute entente entre employeurs et employés est impossible et inutile, que les lois sont funestes aux travailleurs, qu'il y a antagonisme de classes, que la bourgeoisie est fatalement l'ennemie de l'ouvrier et ne reconnaîtra jamais ses droits, *alors on est un rouge révolutionnaire dans le sens insurrectionnel*. Mais alors on fausse le syndicalisme, puisque la raison d'être du syndicat est la défense des intérêts professionnels combinée avec ses contingences : les employés, les employeurs, les consommateurs. Entre les *« jaunes »* et les *« rouges, »* les *« réformistes » et « indépendants » sont des fumistes*.

Maintenant, je dois dire que Girault, qui a mis tant de franchise à établir ses convictions, a manqué de la plus élémentaire sincérité en accouplant Lanoir à Biétry, car il ne doit pas ignorer l'immense fossé qui sépare non seulement les deux hommes, mais leurs idées. Je crois que Biétry devrait profiter de cette controverse où il fut cité, pour établir une fois de plus que Lanoir essaya d'asservir quelques ouvriers pour le compte d'entreprises personnelles, mais que les jaunes » dont Biétry est le chef, les *véritables « jaunes, »* sont indépendants de toutes attaches politiciennes, patronales ou autres.

J. A. WAYSS,<br>Ouvrier mécanicien.

## XII. — Coopératives de Consommation.

*Qu'entend-on par une Coopérative de Consommation?*

C'est une association, entre ouvriers ou employés, qui leur permet d'acheter les denrées alimentaires et tous les objets usuels de ménage et d'habillement, dans les meilleures conditions de qualité et de bon marché.

*Quels sont les avantages de la Coopérative ?*

La complète sécurité sur le poids et la qualité des marchandises, toutes de premier choix ; de forts intérêts pour le capital versé et une économie considérable pour l'associé.

*Comment constituer une Coopérative ?*

Rien de plus simple pour les ouvriers syndiqués. S'ils sont cent, par exemple, ils versent entre les mains du trésorier de la Coopérative, la somme d'argent, (en totalité ou en partie) qu'ils ont décidé de donner « individuellement » pour constituer la Société. Ce versement forme un capital, grâce auquel il est permis d'acheter les denrées, au prix du gre , aux producteurs, c'est-à-dire à beaucoup meilleur marché. Ainsi sont supprimés les commerçants intermédiaires et leurs bénéfices ; et la marchandise distribuée directement aux associés est meilleure et coûte moins cher.

*Pourriez-vous en citer des preuves ?*

Oui, il y a de nombreuses Coopératives, dont plus de 2 000, fonctionnent avec prospérité depuis de nombreuses années.

*D'où vient donc que les Coopératives n'existent point partout ?*

De ce que les ouvriers n'ont pas su se grouper et n'ont pas compris tous les bienfaits de l'association sous toutes ses formes.

*Est-il nécessaire de constituer des Coopératives pour toutes les denrées ?*

On pourrait le faire, mais il y a surtout avantage pour les plus indispensables, et celles dont la consommation journalière a quelque importance pour les coopérateurs.

*Existe-t-il plusieurs modes ou systèmes de Coopératives ?*

Oui, et d'après les localités ou le nombre des associés, on doit adopter tel ou tel mode, de préférence à d'autres. Ainsi, dans une ville de province, on ne s'y prendra pas de la même façon qu'à Paris.

*Qui pourra nous donner les renseignements nécessaires à la constitution d'une Coopérative?*

La Bourse Libre du Travail de Paris, se met à la disposition des ouvriers dans ce but. Adressez-vous aux bureaux du *Jaune.*

*A qui confier le soin de faire les achats de la Coopérative?*

Il ne semble pas sérieux de confier à un comité de neuf à dix membres, réunis le soir, le soin de faire des achats. Pour bien acheter, il faut un apprentissage de tous les jours: c'est une profession comme celles de boulanger, serrurier, mineur. N'est pas forgeron qui veut, *n'est pas commençant qui s'improvise.* Deux hommes chargés des achats, c'est suffisant; les Coopératives anglaises et les maisons de commerce ne procèdent pas autrement.

*A quoi doit tendre l'acheteur?*

Pour acheter, il ne faut pas viser seulement au bon marché; il ne faut pas non plus s'embarrasser de stocks considérables. Certaines marchandises, telles que les épiceries, café, sucre, sel, savon, perdent de leur poids ou de leur qualité en vieillissant, sans compter que c'est du capital improductif. Des marchandises courantes et sans cesse renouvelées, voilà ce qu'il faut acheter.

*Le choix d'un bon administrateur est-il important?*

Oui, car le sort de la Société en dépend; aussi ne faut-il pas rechigner devant l'indemnité à lui attribuer. Ce salaire le mettra à l'abri de la tentation des pots-de-vin et suscitera son zèle par le désir de conserver longtemps une situation honorable. C'est de l'argent bien placée, *gros intérêts pour les coopérateurs.*

*Faut-il nommer des commissaires et quel est leur rôle dans une Coopérative ?*

Ils contrôlent les opérations des administrateurs. Leur attention doit se porter particulièrement sur les points suivants : livre de dépenses et de recettes toujours en règle, pièces comptables numérotées et classées, comptabilité exacte, caisse à jour. — Il est bon de n'appeler à ces fonctions délicates, que des travailleurs pris parmi les plus capables et les plus instruits. En les nommant, on leur confie la surveillance du bien collectif.

*Quelles qualités doit avoir le gérant d'une Coopérative de consommation ?*

Le gérant ne doit pas être choisi avec un moindre souci. — Pour un employé de commerce, on exige des connaissances spéciales, on fait subir des examens, on exige des diplômes ; pour un gérant de Société Coopérative, on ne se préoccupe pas toujours des conditions indispensables à une fonction capitale dans une Société Coopérative. Dans une Coopérative, un gérant est constamment en contact avec la clientèle. S'il est empressé, affable, serviable envers les coopérateurs, intelligent et honnête, il fait autant pour le succès de la Coopérative que le bon marché et la bonne qualité des produits.

Le gérant est, par ses rapports réguliers et constants avec les coopérateurs, un guide pour le Conseil d'administration ; dans ces conditions, il est utile qu'il assiste aux réunions du Conseil, où il sera le trait d'union entre le monde des consommateurs et l'organisme administratif. L'expérience a obligé nombre de Sociétés, dans une mesure de prudence, à passer un contrat avec leur gérant.

*Les coopératives font tort, dit-on, au petit commerce ?*

Mais le petit commerce, lui aussi, ne fait-il pas tort aux

ouvriers en leur vendant les denrées à un prix exagéré ; et
après tout, les Coopératives de consommation sont créées
pour l'avantage du peuple, et déjà elles ont fait réfléchir certains commerçants trop peu scrupuleux.

*D'ailleurs si les petits commerçants le veulent, les Coopératives
ne leur feront pas de tort ?*

En effet, que ces petits commerçants consentent à créer
ou à diriger eux-mêmes des Coopératives ; qu'ils s'entendent
avec la Coopérative ouvrière, pour lui acheter certaines marchandises en gros, de façon à les céder à meilleur compte
en détail aux associés coopérateurs, et il y aura profit pour
tous.

*Doit-on se laisser arrêter dans la création d'une Coopérative par
les protestations et les plaintes des petits commerçants ?*

Non évidemment, car ces derniers auront toujours assez
de denrées à vendre au public ; et de plus, les ouvriers ont
le droit de chercher, eux aussi, leur profit et les diminutions
de leurs dépenses, ce qui se produit quand ils font partie
d'une Coopérative ; charité bien ordonnée commence, après
tout, par soi-même ; on ne pourra jamais empêcher que « le
bonheur de l'un ne soit le malheur de l'autre, » et le nombre
des commerçants lésés par les Coopératives est beaucoup
moins considérable que le nombre des ouvriers lésés par les
petits commerçants.

*Mais n'y aurait-il pas moyen de s'entendre quand même ?*

Oui, si, par exemple, une Coopérative de consommation
pour le vin allait trouver un petit commerçant et lui ache-
tait ferme, une, deux, trois pièces de vin, à charge pour lui
de le détailler, à charge pour la Coopérative de payer comp-
tant ; cette dernière réaliserait le maximum d'économie, ( en
se dispensant d'avoir un cellier, de mettre le vin en bou-
teilles et le détailler à ses membres ), et elle ferait du petit

commerçant l'auxiliaire et le collaborateur dévoué de la Coopérative au service de laquelle il mettrait son aptitude spéciale.

Les initiateurs de la Coopérative « des Jaunes » n'ont jamais eu pour objet de rejeter le petit commerçant dans le prolétariat et la misère, à condition qu'il ne s'oppose pas lui-même à la Coopérative de consommation.

*La Coopérative devra-t-elle vendre au prix que lui reviennent ses marchandises ?*

Nous ne le lui conseillons pas ; et quoiqu'elle essaie de vendre moins cher que les commerçants, cependant elle doit faire des bénéfices et vendre avec profit pour l'avantage de tous.

*Que pensez-vous de la comptabilité de la Coopérative ?*

Je pense qu'elle a une grande importance. — Il faut une comptabilité, non seulement pour que les administrateurs puissent se diriger sagement à travers les affaires commerciales, mais encore pour mettre leur responsabilité à couvert en leur permettant d'inspirer la plus absolue confiance à leurs camarades et de faire taire la calomnie. Dans une Coopérative, la confiance doit être assurée aux administrateurs, pour faire prospérer l'œuvre, mais elle ne saurait exister qu'à la condition d'être soumise au contrôle ; le moyen, c'est la comptabilité.

*Sont-ce les syndicats qui doivent créer ces Sociétés coopératives ?*

Oui, quand ces syndicats sont formés ; et plusieurs peuvent se grouper ensemble pour la Coopérative de consommation. Ce sera un lien de plus et un moyen de succès, à cause du plus grand nombre d'ouvriers qui jouiront des avantages de la Coopérative.

*Que faut-il penser des Coopératives de consommation, fondées et organisées par les Compagnies de chemins de fer et autres grands établissements.*

En principe, on doit reconnaître que ces Coopératives

procurent aux ouvriers des aliments ou des vêtements à meilleur compte et leur rendent service. Mais, en pratique, c'est souvent un système d'exploitation au profit des gros fournisseurs et une sorte de tyrannie contre les ouvriers qui seraient mal vus s'ils n'achetaient pas à la Coopérative.

*Qu'y a-t-il donc à faire?*

Des Coopératives exclusivement ouvrières où n'entrent ni les capitaux des juifs ni ceux des gros fournisseurs.

*Où trouver un capital pour créer une Coopérative?*

Ce sera au moyen d'"actions" que votre société fonctionnera. Unissez-vous seulement cent, avec une « action » de 5 francs que vous achèterez chacun, vous aurez déjà un capital de 2 000 francs. C'est là, ce me semble, une somme à peu près suffisante pour commencer.

*Quant aux bénéfices que nous pourrons réaliser?*

Vous les emploierez, si vous voulez, soit à payer vos administrateurs, soit à une caisse de retraites, soit à une caisse de secours contre le chômage.

## XIII. — Alcoolisme.

*L'alcool, voilà l'ennemi de l'ouvrier !*

L'alcool, c'est-à-dire l'eau-de-vie, l'absinthe, les liqueurs, les boissons fermentées, est le fléau du siècle, parce que tout les coins de la France en sont en quelque sorte inondés et que beaucoup en abusent et en font un usage continu.

*Mais l'alcool raffermit l'organisme et le fortifie?*

C'est une erreur funeste, car, au dire de médecins sérieux et compétents, l'alcool brûle, durcit, émacie, atrophie les organes. L'estomac, le foie, les intestins, le cœur, les poumons, les artères, les muscles, les nerfs, le cerveau, se contractent sous son influence. Il suffit de songer qu'il ne faut pas plus d'*un centigramme* de bouquet de cognac, injecté à un chien de Terre-Neuve, pour le tuer en 11 minutes.

*D'après vous, l'alcool n'est bon à rien ?*
Non, et ils se trompent ceux qui croient qu'il est digestif, apéritif, aliment; ou qui supposent qu'il réchauffe, qu'il est un stimulant et qu'il préserve des contagions : c'est tout le contraire qui est vrai.

*L'alcool engendre une déchéance physique, intellectuelle et morale de l'individu ?*
De l'alcoolisme, en effet, dérivent : la dyspepsie, la pituite, la paralysie, l'épilepsie, le delirium tremens, la cirrhose du foie.

A l'hôpital Bichat, on a constaté que 80 o/o des tuberculeux, et à l'hopital Sainte-Anne, 35 o/o des fous étaient alcooliques.

*Quels sont les dangers de l'acloolisme pour la famille ?*
Dans 215 familles d'alcooliques observées, 108 enfants avaient des *tares héréditaires*, à la première génération : malformation du crâne, asymétrie de la face, strabisme, surdité, déviations vertébrales, etc.....
D'autre part, 196 étaient atteints de *dégénérescence psychique;* on a relevé 105 cas d'aliénation, 53 d'épilepsie, 16 d'hystéro-épilepsie: 3 de danse de Saint-Guy, 39 de convulsions, 63 de déséquilibration, 32 de folies morales, 33 de débilités mentales.
Dans ceux mêmes qui étaient indemnes, on trouve un goût prononcé pour les liqueurs fortes, qui, en se satisfaisant, ne devait pas tarder à devenir un *alcoolisme héréditaire.*
*En France, nous tenons, hélas ! le record de l'alcoolisme !*
La moyenne annuelle par personne est de 4 litres 04 de consommation. En 1880, il y avait en France 35 000 cabarets, aujourd'hui, il y en a 500 000, sans compter ceux de Paris.

*D'où vient qu'il y a tant de cafés ou cabarets ?*

De ce que c'est un métier facile et qui rapporte beaucoup à ceux qui l'exercent.

*Qui pousse au cabaret ?*
*Est-ce le besoin de se rafraîchir ou de causer honnétement ?*
Non ! presque jamais, hélas !

1° C'est la camaderie : on est avec des amis qui vous proposent « un verre ; » si on refuse, ils insistent, ils se moquent au besoin, et on n'a pas le courage de résister, on se laisse entraîner, et cela plusieurs fois dans la journée.

2° C'est la passion : on n'a aucun besoin de boire, mais on y trouve de la satisfaction, et on se laisse attirer par l'attrait malsain du plaisir.

3° C'est l'ennui ; on entre au café pour tuer le temps, pour jouer et causer des heures entières et pour s'y amuser, dit-on.

*Qui voit-on dans les cabarets ?*

Des bourgeois, oui ; mais surtout des ouvriers, et en nombre considérable, qui désertent de plus en plus leur foyer domestique et s'engouffrent dans les bars, les estaminets, les cabarets, les cafés de toute couleur et de toute dimension.

*Que gagne-t-on au cabaret ?*

Hélas ! on s'y alcoolise sans s'en apercevoir pour ainsi dire, alors même qu'on ne s'y enivre pas !

On y dépense son argent et ses économies. Si certains ouvriers avaient en poche tout ce qu'ils ont dépensé au « bistro et troquet, » ils seraient peut-être riches aujourd'hui, tandis qu'ils sont dans la misère et que leurs enfants et la femme manquent de tout.

Au cabaret, on y perd sa santé, son temps, son honneur, sa réputation et on y contracte des dettes qu'on ne peut souvent solder.

*Quelle résolution faut-il prendre ?*

Celle de n'entrer jamais ou presque jamais au café, de n'y pas consommer d'alcool et de n'y boire que des boissons hygiéniques.

*C'est une sage résolution, mais pas facile à tenir ?*

Peut-être, et encore avec un peu d'énergie et de volonté, vous pouvez faire ce que des ouvriers intelligents et sages se sont résolus à faire. Il n'y a que le premier pas qui coûte, dans le bien comme dans le mal !

*Comment résister à l'entraînement ?*

En disant aux camarades qu'on ne veut pas s'empoisonner, pour les imiter ou leur faire plaisir, et en les détournant, eux aussi, du cabaret, qui est le tombeau de l'ouvrier.

*Que penser des Sociétés de tempérance ?*

Il faut en constituer parmi les ouvriers syndiqués, afin que l'engagement de ne plus boire d'alcool, pris en commun, soit plus facilement gardé par chaque individu qui se sentira soutenu par l'exemple des autres.

*Les « tempérants » doivent-ils rougir et avoir peur ?*

Non ! au contraire, qu'ils se fassent gloire de ne pas boire d'alcool, et qu'ils se moquent et tournent en ridicule les buveurs !

## XIV. — Coopératives de Production.

*Que faut-il entendre par Coopérative de production ?*

C'est une société formée entre ouvriers, pour produire des travaux en commun et à leur profit personnel, sans qu'il y ait de patrons.

*Quelle est l'utilité de ces Coopératives ?*

De laisser aux travailleurs, ou plus justement aux Coopérateurs, tout le bénéfice de leur industrie et de leur travail. Les ouvriers se réunissant, fondent un atelier en commun, nomment l'un d'entre eux directeur, cherchent le travail et se répartissent le produit de ce travail. C'est la Coopérative de production.

*Y a-t-il d'autres buts à la création d'une Coopérative ?*

Oui, par exemple, on peut se proposer : 1° que les bénéfices capitalisés forment des caisses de mutualité, d'assistance, de retraites, etc., etc. ; 2° donner à l'ouvrier conscience qu'il n'est pas une machine, mais qu'il peut, par sa volonté, agir pour le succès de l'entreprise ; 3° former entre les ouvriers des liens d'amitié et de solidarité réels.

*Que faut-il pour créer une Coopérative de production ?*

Il faut de l'argent fourni par les ouvriers et qui serve à acheter un atelier et des outils.

*Mais les ouvriers ne sont pas assez riches ?*

Ça dépend ; s'ils veulent commencer petitement, ils auront suffisamment de capital, qui augmentera par le « boni » de leur travail.

*Y a-t-il des exemples de réussite ?*

Oui, et nous connaissons des serruriers, des menuisiers, des cochers, etc., qui, en se cotisant et en travaillant ensemble, sont parvenus à maintenir des Coopératives et à les faire prospérer.

*Mais beaucoup de Coopératives n'ont pas eu de succès, pourquoi ?*

Parce qu'elles n'ont pas groupé assez d'ouvriers, ou bien parce qu'elles ont voulu commencer « dans le grand, » ou parce qu'elles n'ont pas su se procurer assez de travaux. Celles qui ont échoué et qui meurent sont les Coopératives qui n'avaient point su déterminer la participation *individuelle* et la propriété *individuelle*.

*Ces insuccès doivent-ils détourner les ouvriers de fonder des Coopératives de production ?*

Non, bien sûr, pourvu qu'ils agissent avec prudence, en prenant conseil et en cherchant un appui auprès des personnes dévouées à leur sort.

*Existe-t-il plusieurs systèmes de Coopératives ?*

Oui. Ainsi, dans la grande industrie, certains patrons émettent des actions financières qu'achètent leurs ouvriers ; ceux-ci deviennent ainsi copropriétaires et participent aux bénéfices de l'industrie, en touchant des intérêts, en plus de leur salaire.

*Pouvez-vous nous donner des exemples ?*

Oui, ce système de coopération existe, entre autres, aux magasins du Bon Marché, à Paris ; aux usines Laroche-Joubert, à Angoulême ; aux usines Japy, dans le Doubs, etc.

*Peut-on espérer que ce système s'étendra ?*

Oui, quand on aura fait comprendre aux patrons qu'il y a intérêt pour eux à faire participer leurs employés aux charges et aux bénéfices de leurs maisons.

*Quel est cet intérêt ?*

C'est d'attacher davantage l'ouvrier à son travail , de le porter à le soigner mieux, et de le détourner des grèves, en le rendant *conservateur de sa part de propriété.*

*Et pour l'ouvrier, y a-t-il un intérêt ?*

Évidemment, parce qu'il fait pour ainsi dire partie de la maison et que ses bénéfices sont plus considérables.

*Croyez-vous que dans les Coopératives des ouvriers et des patrons ensemble ou des ouvriers seulement entre eux, se trouve la solution de la question sociale ?*

Oui, en partie, parce que tout conflit entre employeurs et employés sera écarté, et que l'union, la paix avec un certain bien-être toujours grandissant, régneront dans le monde du travail.

## XV. — Sociétés de secours mutuels.

*Que sont les sociétés de secours mutuels ?*

Ce sont des associations de prévoyance qui se proposent d'assurer des secours à leurs membres participants et à leurs familles, en cas de maladie, blessures ou infirmités, et de leur constituer des pensions de retraite et de contracter à leur profit des assurances individuelles ou collectives en cas de décès ou d'accidents ; de pourvoir aux frais des funérailles et d'allouer des secours aux ascendants, aux veufs, veuves ou orphelins des membres participants.

*Ces sociétés ne peuvent-elles pas autre chose ?*

Oui, d'après la loi de 1898, elles peuvent en outre, accessoirement, créer au profit de leurs membres des cours professionnels, des offices gratuits de placement et accorder des allocations en cas de chômage, à la condition qu'il soit pourvu à ces trois ordres de dépenses au moyen de cotisations ou de recettes spéciales.

*Ces sociétés peuvent-elles se rattacher aux syndicats ouvriers ?*

Evidemment, et même c'est dans et par les syndicats qu'elles trouveront des éléments de succès et des membres participants ; aussi les syndicats doivent-ils prévoir ces sociétés dans leurs statuts, pour être en règle avec la loi.

*Les sociétés de secours mutuels sont-elles fermées aux femmes ?*

Non, et bien que les femmes, dans une mutualité, entraînent pour l'ordinaire plus de dépenses que les hommes, il faut encourager le plus possible leur admission et constituer des sociétés mixtes.

*Une mutualité peut-elle restreindre les secours donnés à ses membres ?*

Oui, si elle n'est pas riche, elle peut se contenter du secours en cas de maladie ou bien en cas de chômage seulement.

*Quelles sont les diverses institutions de secours ?*

Ce sont les dispensaires, les bureaux de service médical gratuit, les hôpitaux, sans parler des libéralités distribuées par les personnes généreuses, ainsi que les Comités libres de charité.

Grâce à ces institutions philanthropiques ou charitables, les nécessiteux ont une certaine sécurité contre la misère !... mais combien cette sécurité est restreinte, conditionnelle, précaire ; et surtout combien elle est assujétissante, pénible et, à certains points de vue... humiliante.

*En est-il ainsi d'une Société de secours mutuels entre ouvriers ?*

Non, car un membre d'une telle Société, *a droit* aux indemnités qu'elle lui apporte, parce qu'il les a en quelque sorte payées d'avance par ses cotisations.

*Que fait donc le membre de la Société de secours mutuels ?*

Il prévoit qu'il pourrait devenir malade ou manquer de travail et, en prévision de cette éventualité, il s'est prudemment acquis, en versant des cotisations, un droit strict à être secouru.

*Qu'est-ce, en somme, qu'une Société de secours mutuels ?*

C'est la boutique où l'on achète la sécurité, de même que : la boulangerie est la boutique où l'on achète le pain ; l'épicerie, la boutique où l'on achète le sucre, le café, etc. ; seulement, la sécurité ne se vend pas tout à fait de la même manière que le pain et le café.

*Alors, c'est comme l'Assurance contre l'incendie ?*

Oui, supposons un millier de propriétaires qui, désireux

de s'assurer le remboursement d'une maison estimée à 3 000 francs, au cas où l'incendie la détruirait, consentent à verser 3 francs par an ! Étant donné que, par an, une seule maison sur mille vient à brûler..., le seul propriétaire lésé se trouvera donc pleinement indemnisé, grâce aux primes modiques versées par les mille propriétaires co-associés !

*La Société de secours mutuels ne fait pas autre chose ?*

Elle assure les gens contre la maladie, comme la compagnie d'assurances assure les maisons contre l'incendie, en recrutant le nombre suffisant de personnes désireuses de s'assurer. On a calculé que, sur cent hommes de constitution saine, il y en a toujours un ou deux, en moyenne, que la maladie empêche de travailler. Cent personnes verseront chaque semaine 20 centimes, cela fait 20 francs, somme suffisante pour procurer les secours médicaux et pharmaceutiques, ainsi que l'indemnité du travail à un ou deux malades, par semaine. Voilà pourquoi le chiffre de la cotisations peut être fixé à 20 centimes, pour une indemnité journalière de 1 franc.

*Que faut-il donc pour que la Société fonctionne, pour qu'elle ne se ruine pas ?*

Il faut qu'il n'y ait pas plus de malades que la moyenne. Supposez, en effet, qu'au lieu de deux, la moyenne des malades soit de quatre, la Société ne recevant toujours que ses 20 francs par semaine, et devant secourir et indemniser quatre malades, c'est-à-dire deux fois plus, n'y suffirait pas.

*Or, quelles sont les causes qui peuvent faire qu'il y ait dans une Société de secours mutuels plus de malades que la moyenne ?*

Cela peut provenir d'une épidémie qui élève le chiffre des malades ; et pour parer à cette situation *accidentelle* et *exceptionnelle*, il suffit que la Société ait soin de se ménager toujours *une réserve* dont on se servira justement dans les moments critiques. Une autre cause serait, si la Société admettait dans son sein des *invalides* ou des *incurables ;* ce qui entraînerait sa ruine au détriment des valides..... Aussi, une sage Société *exige,* pour l'admission de ses membres, qu'ils *soient reconnus* valides par un médecin.

*Une Société de secours mutuels qui veut vivre, doit compter sur la bonne volonté, la loyauté et la délicatesse de chacun de ses membres.*

Que ceux-ci sachent donc, que ce n'est pas délicat de réclamer une indemnité *quand on pourrait s'en passer ;* ni honnête de dépenser, *sans compter,* les médicaments, parce qu'on ne les *paie pas de sa poche,* mais avec l'argent de la *caisse commune.*

*Une Société de secours mutuels ne doit pas cesser de se recruter ?*

Autrement, il arriverait que ses membres, en vieillissant, seraient plus souvent malades, et que le *nombre* des journées de la maladie irait *s'augmentant ;* que la moyenne des maladies ne serait plus selon la moyenne normale de un ou de deux pour cent, mais de trois, quatre, cinq et plus ; que les indemnités à payer, les frais médicaux, les dépenses pharmaceutiques, tout augmenterait, *excepté les recettes ;* et que, par conséquent, la Société courrait au déficit et à la ruine.

*Il faut, dès lors, faire appel à la solidarité des jeunes ?*

Grâce à leur présence dans la Société, celle-ci ne vieillira pas. L'équilibre entre les recettes et les dépenses sera maintenu, la prospérité règnera dans les finances. Et quand les jeunes gens, à leur tour, seront devenus plus âgés, plus exposés à la maladie, ils auront la satisfaction de profiter de cette prospérité qu'ils auront contribué à maintenir.

*Ainsi, une Société de secours mutuels vaut par les membres qui la composent ?*

Un mutualiste n'a pas seulement des droits, il a aussi des

devoirs. Son devoir est de n'être, pour la Société dont il fait partie, ni un indifférent ni moins encore une sangsue. Il doit faire tous ses efforts pour amener des membres jeunes à la Société. Il doit considérer la caisse sociale comme une chose sacrée, et n'y puiser qu'à la dernière extrémité.

*Peut-on majorer la cotisation ?*

Oui, afin de procurer à chaque membre de la Société plus d'indemnités et de secours.

*Mais ce serait trop pour un ouvrier qui n'est pas riche ?*

Non ; et en ne fumant pas tant, en buvant moins de « vertes, » il est facile à tout ouvrier de mettre de côté, même 10 sous par semaine.

*Si les membres d'un syndicat ne sont pas assez nombreux, peut-on s'unir à d'autres syndicats pour créer une caisse de secours ?*

Certainement, et c'est ce qui se fait ordinairement ; quatre ou cinq syndicats ne formeront qu'une seule Société de secours mutuels et étendront ainsi le rayon de la fraternité entre camarades.

*D'où vient que ces Sociétés de secours mutuels ne sont pas plus nombreuses ?*

1° De ce que les ouvriers ne sont pas suffisamment éclairés sur leurs avantages ; 2° de ce qu'ils manquent de prudence et d'économie ; 3° de ce qu'ils ne savent pas s'y prendre pour fonder et bien gouverner ces Sociétés.

*Mais, est-on sûr de réussir toujours en créant une Société de secours ?*

Oui si l'on agit avec intelligence et lenteur, et si l'on tient aux conditions énumérées plus haut.

*Voulez-vous nous donner un exemple d'Assistance mutuelle ?*

Oui, nous connaissons un syndicat composé de plus de 500 adhérents, dont chaque membre verse 1 franc entre les mains de la veuve d'un de leurs camarades défunts, le jour des funérailles de celui-ci.

*A qui confier les cotisations d'une Société de secours ?*

Au président ou au trésorier, choisi par la confiance des sociétaires, et qui rendra compte de leur emploi dans les réunions mensuelles ou trimestrielles.

*Les membres honoraires sont-ils utiles ?*

Oui, s'ils sont assez riches et assez bienfaisants pour faire des dons à la caisse de secours ; et il ne faut pas hésiter à solliciter la solidarité dans ce but.

*Doit-on désirer de voir la Société de secours riche, et comment la rendre telle ?*

Plus les ressources seront abondantes, plus on pourra soulager les misères, et chaque ouvrier doit s'employer de toute manière, par son travail, ses sollicitations, ses cotisations versées à augmenter le budjet de la caisse de secours.

*Au sujet du fonctionnement d'une Société de secours mutuels, ne pourriez-vous pas nous donner quelques indications pratiques ?*

Ces indications vous les trouverez très précises dans une *brochure* de M. Em. Dédé, qui a pour titre « *Fonctionnement d'une Société de secours mutuel,* » éditée chez Lecoffre, 90, rue Banaparde, (vie arrt) prix : 25 centimes.

## XVI. — A propos des sociétés de secours mutuels.

*De qui se composent les Sociétés de secours mutuels ?*

De membres participants et de membres honoraires ; en outre, il peut être établi entre elles, en conservant à chacune son autonomie, des unions ayant pour objet de posséder en commun, notamment le règlement des pensions viagères de retraites, l'organisation d'assurances mutuelles et le service des placements gratuits.

*Comment se divisent les Sociétés de secours mutuels ?*

En sociétés libres, approuvées ou reconnues comme établissements d'utilité publique.

*Que penser des Sociétés libres ?*

Elles ne sont astreintes qu'au dépôt de leurs statuts à la sous-préfecture, et sont, en partie, affranchies du contrôle de l'État, mais ne profitent pas, comme les autres, de ses subventions, bonifications et allocations, ni des exemptions de certaines taxes. Elles ne peuvent non plus posséder des immeubles.

*L'État peut-il refuser l'approbation à une Société de secours mutuels ?*

Non, si ce n'est dans des cas déterminés ; mais en retour, les sociétés approuvées doivent effectuer leurs placements dans les Caisses d'épargne, à la Caisse des dépôts et consignations, en fonds d'État ou en valeurs garanties par l'État. Elles peuvent, en outre, pour leurs opérations, utiliser la Caisse nationale de retraites pour la vieillesse.

*Ces Sociétés de secours mutuels sont-elles capables d'assurer des possessions régulières de retraite à leurs membres ?*

A moins d'élever les cotisations des membres participants dans une forte proportion, probablement celle du double, la mutualité proprement dite, à elle seule, est incapable de constituer ces pensions. Ce seront les membres honoraires, c'est à-dire les patrons et les rentiers, aidés par l'État, qui s'en chargeront ou ne s'en chargeront pas, hélas !

*A côté du profit matériel, y a-t-il des avantages moraux que retirent, des sociétés de secours mutules, les membres participants.*

Oui, car par là ils acquièrent des idées d'ordre, d'épargne

et de prévoyance, de l'obligation contractée, du droit du prochain à respecter et du secours réciproque à fournir, etc...

## XVII. — Mutualité et Syndicat.

*Quel est le grand danger de la mutualité à l'heure présente?*

Il semble que ce danger consiste à éparpiller les efforts des hommes de bonne volonté ; à semer, au hasard, les sommes provenant des cotisations ; à créer des œuvres artificielles et éphémères.

*Comment parer à ce danger?*

En ne constituant des sociétés de secours mutuels que dans les syndicats professionnels.

*N'est-ce pas un tort de ne concevoir les syndicats que comme des groupements accidentels ou permanents de travailleurs, réunis dans l'unique dessein de faire triompher des revendications concernant les questions de salaire et de travail?*

Oui ; et le syndicat de l'avenir (tel que les « Jaunes » le comprennent), c'est avant tout un organe de représentation du métier, mais c'est encore mieux qu'un instrument de défense ; c'est un organisme pourvu de toutes ses fonctions.

*Que voulez-vous dire?*

Nous voulons que sur le syndicat viennent se greffer toutes les œuvres propres à assurer le bien-être moral et matériel du travailleur, c'est-à-dire les institutions de prévoyance, de crédit et de coopération. Notons, en passant, l'économie qui devra en résulter, entraînant avec elle la réduction du montant des cotisations, si l'on arrive à fusionner personnel et locaux servant aux diverses institutions syndicales.

*Qu'est-ce que la société de secours mutuels à base professionnelle?*

C'est celle qui est créée et établie entre gens de même profession.

*Serait-il possible de greffer sur le mouvement syndical, qui s'é-
tend de plus en plus, un mouvement parallèle des secours mutuels ?*

Oui, et il existe d'ailleurs déjà, en France, de nombreuses
sociétés de secours mutuels professionnelles ; ce sont même
les plus anciennes, et elles comptent parmi les plus florissan-
tes ; et chez elles, il y a facilité de recrutement de sociétaires
et aussi de paiement des cotisations, en même temps qu'impossibilité de fraude pour les secours à distribuer, car les gens
de même métier se connaissent.

*Qu'arrive-t-il lorsque toutes les professions sont mélangées dans
la même société de secours mutuels ?*

Ce sont les professions où l'on se porte bien qui payent
pour celles où l'on est le plus souvent éprouvé ; et c'est en
arriver à des situations absurdes, à des impossibilités de fonctionnement qui expliquent amplement certains échecs de la
mutualité, jusqu'à présent.

*Pourquoi n'est-il jamais fait allusion pour ainsi dire à la pos-
sibilité, indiquée par la loi elle-même, et aux avantages qui en
résulteraient, de faire coexister l'une à côté de l'autre dans les associations professionnelles, la caisse syndicale et la caisse de la société
de secours mutuels ?*

On semble craindre tout ce qui tendrait à une organisation rationnelle et logique des forces démocratiques. Si l'ouvrier verse une cotisation à une société de secours mutuels,
il n'en donnera pas une seconde à son syndicat professionnel
et dès lors ce dernier n'existera que sur le papier ; tandis
qu'une seule cotisation (partagée entre la société de secours
et le syndicat réunis), assurerait l'existence sérieuse de ce
dernier.

*Qu'est-ce qu'un syndicat sans institution de prévoyances ?*

C'est un corps sans âme ! La société de secours mutuels est
le complément nécessaire et indispensable du syndicat, car

elle donne précisément la solution de la plupart de ces questions de misère et d'insécurité qui exaspèrent les travailleurs et pour lesquelles ils font des révolutions.

*Que produira l'union des syndicats et des sociétés de secours mutuels ?*

Cette union changera cet instrument de guerre de classe, — qui est le syndicat compris d'une certaine façon, — en un organe de pacification sociale, Partout où le collectivisme fait des progrès, les socialistes rejettent la conception actuelle des sociétés de secours mutuels. Ils ne réclament aucun secours ni de leurs semblables individuellement, ni du concours des membres honoraires. Ils attendent tout d'un bouleversement économique, ou de la vague réussite d'une grève générale, ou bien de l'État au nom de la justice sociale.

*Quelle est la mission des « Jaunes ? »*

C'est de doter d'institutions mutualistes les syndicats ouvriers et ruraux qu'ils formeront partout ; et donner ainsi aux masses la conscience de leurs véritables intérêts, et en les empêchant de rouler vers l'anarchie, arriver à une reconstruction sociale durable dans notre pays.

Donc, que tous les bons Français soutiennent et encouragent pécuniairement et moralement Biétry, le chef des « Jaunes » et son journal.

*P. S.* — Ce chapitre est fait d'extraits tirés d'un ouvrage *Syndicats, Mutualités, Retraites*, publié par M. L. de Contenson, chez Perrin, et dont nous ne saurions trop recommander la lecture à nos amis les « Jaunes » dont il partage toutes les théories.

## XVIII. — Retraites ouvrières.

*Les ouvriers devraient-ils avoir une pension de retraite assurée ?*

Oui, car la maladie ou la vieillesse peuvent les rendre incapable de travailler et de vivre.

*Cette retraite sera-t-elle faite par l'État.*

On la promet toujours, et les députés socialistes prétendent qu'ils l'obtiendront de l'État ; mais ce dernier, endetté, ne la donne toujours pas et peut-être ne la donnera jamais.

*Pourquoi ces retraites sont-elles accordées à certains et refusées à d'autres ?*

L'État et certaines administrations, en faisant une retenue sur le salaire de leurs employés leur assure la retraite ; mais comment faire cela, à l'égard des ouvriers qui n'ont pas toujours de salaire et dont le salaire est trop restreint ?

*Qui donc asurera ces retraites aux travailleurs ?*

Les associations, les syndicats, s'ils fonctionnent bien et se cotisent dans ce but. Les chefs d'industrie devront verser une cotisation annuelle à déterminer par ouvrier employé. Enfin l'État doit contribuer pour sa part.

*Les Caisses d'épargne sont-elles établies pour cela ?*

Non, pas d'une manière particulière. Il y a des sociétés spéciales.

*Les Caisses d'épargne sont-elles le seul moyen pour l'ouvrier de placer ses économies ?*

Non, heureusement, puisqu'il peut les garder devers soi, dans un bas de laine, ou les confier à des sociétés libres et honnêtes ou à des personnes sûres qui les feront fructifier.

*Que faut-il penser des rentes viagères ?*

On les fait à ceux qui abandonnent leur capital et qui ne

pourraient pas subsister sur ce capital, et il est évident qu'un ouvrier qui en jouit, doit s'en féliciter.

*Faut-il prévoir le moment où l'ouvrier ne pourra plus travailler ?*

Oui, et malheureusement l'ouvrier n'y pense pas assez et dépense à mesure qu'il possède, souvent sans prudence et avec excès.

*Le capital nécessaire à assurer la vie d'un ouvrier âgé est-il considérable ?*

En soi, non ; puisqu'on voit des vieillards ou des infirmes vivre avec 5 ou 600 fr. par an, à la campagne ou dans leur famille.

*D'où vient donc que très peu parmi les travailleurs possèdent ce capital ?*

Hélas ! trop souvent parce qu'ils ne peuvent l'économiser. L'imprévoyance joue aussi un grand rôle.

*Qu'est-ce qui menace l'ouvrier âgé ?*

La misère et la mort qui en est la conséquence, ou bien la mendicité qui l'humilie et ne lui rapporte pas toujours de quoi vivre.

*A-t-on suppléé au manque de ressources de l'ouvrier âgé ou infirme ?*

Oui, par l'Assistance publique, mais surtout par la création de ces admirables asiles pour la vieillesse établis et soutenus par la charité des chrétiens et le dévouement des Petites-Sœurs des Pauvres ; mais, hélas ! ces asiles sont insuffisants, et combien qui restent à leur porte ?

*Du moins les enfants, la famille soutiendront-ils le vieillard ?*

Oui, parfois, mais pas toujours : soit parce qu'ils n'en ont pas le moyen, soit parce qu'ils ne veulent pas se priver pour nourrir et loger les vieux parents qui ne leur apportent rien.

*Que faire alors ?*

S'appliquer à économiser pendant qu'on travaille et qu'on est jeune, afin de n'être pas complètement dénué de ressources quand on ne pourra plus rien gagner.

*Y a-t-il en France des ouvriers qui agissent ainsi ?*

Ils ne sont pas assez nombreux, malheureusement, ceux qui « gardent une poire pour la soif ; » mais nous espérons que nos lecteurs s'appliqueront à le faire.

*L'épargne suffit-elle à assurer à tous les ouvriers une pension de retraite ?*

L'épargne semble un moyen, sinon souvent impraticable, du moins insuffisant, à l'homme isolé pour se garantir avec sécurité contre les risques et les dangers de l'avenir.

*Mais alors comment réussir à assurer cette pension de retraite, aussi bien à l'ouvrier des champs qu'à l'ouvrier des villes ?*

En mettant en commun le plus grand nombre possible de bonnes volontés et d'économies ; en sollicitant notamment le concours du patron, et au besoin celui de l'État, tous deux intéressés à la satisfaction des intérêts ouvriers.

*Que produirait la certitude d'une retraite auprès des ouvriers ?*

Elle les empêcherait d'être jaloux des employés, gendarmes, ouvriers des chemins de fer, etc., etc... dont la retraite est assurée, et cette certitude garderait les paysans à la campagne et les ouvriers à l'atelier.

*Faut-il que l'État s'en mêle ?*

Oui, car si nous devions tout attendre de l'initiative privée, il est probable que bien des générations de travailleurs risqueraient encore de disparaître avant que des hommes de bonne volonté aient eu le temps de former leur esprit au mécanisme de la prévoyance et surtout de créer des organes nécessaires à leur exécution. Et nous n'avons pas le temps d'attendre.

*Mais l'État seul doit-il intervenir ?*

Nous ne le pensons pas et nous sommes d'avis qu'il y aurait justice à obliger le patron lui aussi à cotiser, en maintenant la nécessité de la prévoyance individuelle et de l'effort personnel de la part de l'ouvrier, qui serait soumis au versement d'une cotisation équivalente.

*Tous les ouvriers ont-il le droit de compter sur une retraite pour leur vieillesse ?*

Oui, pensons-nous ; et nous, les Jaunes, nous ne cesserons de réclamer cette pension, quel que soit d'ailleurs le mode adapté ou la loi votée pour la leur assurer.

## XIX. — Alimentation et restaurants populaires.

*Pourquoi parler d'alimentation aux ouvriers ?*

Parce que l'alimentation joue un rôle capital dans la vie de l'ouvrier et qu'elle n'est pas toujours ce qu'elle devrait être.

*Quelle doit donc être l'alimentation de l'ouvrier ?*

Saine et substantielle, pour réparer ses forces, épuisées par le travail, et lui permettre de se livrer à son labeur quotidien.

*Qu'entendez-vous par alimentation saine et substantielle ? Est-ce la viande uniquement ?*

Non, car c'est un préjugé de croire que la viande constitue l'aliment le plus fortifiant ; et tous les médecins sérieux prétendent, avec raison, qu'on use avec excès d'aliments gras, et qu'on ne s'en porte pas mieux, au contraire. Plusieurs mêmes conseillent le système végétarien ou du moins, de ne manger de viande qu'une fois par jour.

*Alors vous prétendez que les aliments maigres sont préférables, pour les ouvriers eux-mêmes ?*

Dans une large mesure ; et non seulement certains mets (tels que le riz, les amandes, les raisins secs, le poisson, etc...) fortifient davantage, mais (ce qui n'est pas à dédaigner), ils coûtent moins cher et ne grèvent pas aussi lourdement le budget des dépenses.

*Où l'ouvrier doit-il se nourrir ?*

Autant que possible au foyer domestique, en compagnie de sa femme et de ses enfants ; il lui en coûtera moins et il aura des chances d'être mieux nourri.

*Mais si son travail place l'ouvrier trop loin de son foyer ?*

Dans ce cas, ou bien il emportera le matin les aliments qu'il doit prendre dans la journée ; ou bien il mangera chez ceux qui l'emploient ; ou enfin il se nourrira au restaurant ou au fourneau économique.

*Les restaurants populaires ne devraient-il pas exister partout ?*

Sûrement ; et on en a fondé quelques-uns déjà, pour assurer aux ouvriers et aux ouvrières des aliments à meilleur compte que dans les restaurants ordinaires, et aussi une nourriture, sinon plus abondante, du moins plus saine.

*Pourquoi ces restaurants ne se sont-ils pas multipliés ?*

D'abord parce que leur création exige des capitaux et un dévouement rares ; et en second lieu, parce que les ouvriers n'ont pas su s'entendre entre eux, ni s'organiser pour concourir à cette création.

*Qu'y aurait-il donc à faire ?*

En parler aux patrons qui souvent ne demanderaient pas mieux que d'établir ces restaurants ; ou bien faire un contrat avec des restaurateurs honnêtes et consciencieux qui consentiraient à ouvrir des hôtelleries ouvrières et a ne pas s'enrichir aux dépens du travailleur ; au bien encore, former dans les syndicats, un comité spécial qui étudierait la question et, moyennant une cotisation déterminée de chaque syndiqué, pourrait réussir à multiplier ces restaurants...

## XX. — Le Repos hebdomadaire.

*L'ouvrier a t-il droit au repos hebdomaire ?*

Oui, il faut le crier bien haut, à la face de ceux qui veulent le priver de ce repos ! Ce droit, l'ouvrier le tient de Dieu, qui lui prescrit de cesser son travail, un jour chaque semaine ; et de plus, ce droit provient du besoin de repos nécessaire à tout travailleur, dont les forces finiraient par s'épuiser, s'il était occupé sans relâche.

*Quel jour convient le mieux à ce repos hebdomadaire ?*

Les socialistes se sont chicanés dans leurs journaux, à ce sujet : les uns prétendaient que le lundi convenait mieux aux ouvriers pour se reposer ; les autres, qu'il fallait cesser le travail le dimanche. Nous, nous n'hésitons pas à dire, qu'à tous les points de vue, c'est le dimanche qu'il faut préférer, et nous sommes sûrs que la masse ouvrière est de notre avis.

*D'où vient que tant d'ouvriers travaillent le dimanche ?*

De plusieurs causes ; mais la principale, il nous semble, c'est que les patrons et entrepreneurs les y obligent, sous peine de renvoi.

*Les patrons ont-ils droit d'agir ainsi ?*

Non, et de leur part, c'est une tyrannie révoltante et coupable ; ils ne voient que leur gain personnel, et ils ne tiennent pas compte du bien de leurs ouvriers.

*D'ailleurs, est-ce vrai que le travail du dimanche doit être profitable ?*

Non, et il est prouvé par l'expérience que le rendement du travail des ouvriers qui se reposent le dimanche est supérieur à celui des ouvriers condamnés à travailler sans interruption.

*Mais il paraît que les ouvriers eux-mêmes ne demandent qu'à travailler le dimanche, sous prétexte que ce jour-là, ils doivent manger comme les autres jours ?*

S'il en est ainsi, nous ne saurions trop plaindre et blâmer les ouvriers qui, dans ce cas, sont leurs pires ennemis.

*Que voulez-vous donc que fasse l'ouvrier le dimanche, s'il ne travaille pas ?*

Ce que nous voulons ; c'est qu'il se repose ; c'est qu'il demeure au foyer de la famille ; c'est qu'il lise ; c'est qu'il puisse assister aux offices religieux, si cela lui plaît ; c'est qu'il se promène avec ses enfants ; etc., pour être plus dispos à se remettre au travail le lundi.

*Vous avez raison, mais comment obtenir le repos du dimanche ?*

Tout simplement, en s'organisant très fortement, pour obliger à l'examen de cette revendication légitime. Le patron qui se trouvera en présence de cette prétention, juste et formulée par l'immense majorité,— sinon l'unanimité de ses ouvriers, — cherchera et trouvera sûrement, d'accord avec son personnel, le moyen d'assurer le repos du dimanche.

*Mais il sera difficile de persuader les camarades ?*

Pas tant que cela, croyons-nous, pourvu que l'on s'y applique !...

*Les ouvriers se mettraient donc en grève, au sujet du travail du dimanche ?*

Pourquoi pas ? On peut faire grève le dimanche, et rentrer

le lundi, à condition que ces manifestations ne soient point faites individuellement.

*Cependant il y a des industries et des métiers, où le travail s'impose le dimanche ?*

Par exemple, les industries de transports, de chemin de fer, de voiture, de boucherie, de boulangerie, etc., ne peuvent pas chômer même le dimanche ; nous ne le nions pas. Toutefois, il nous semble que, même, dans ces industries, si les chefs avaient bien à cœur de respecter le droit de leurs ouvriers et employés au repos du dimanche, on pourrait s'arranger de façon à restreindre énormément le travail ce jour-là et peut-être à le supprimer entièrement.

*Hélas ! pareille révolution ne se produira jamais ?*

Pourquoi pas ? Il nous semble que si les ouvriers ou employés s'entendaient, (comme ceux de certains magasins l'ont fait d'ailleurs), ils pourraient peu à peu réussir à obtenir, sinon toujours le repos du dimanche pour tous, du moins le repos hebdomadaire...

*Que penser des employés qui n'ont qu'un jour de repos par mois ou par quizaine ?*

Nous pensons que ces braves camarades sont des esclaves qui subissent leur sort avec trop de résignation ; et nous n'hésitons pas à leur dire : « Protestez donc, faites valoir, (sans vous lasser, envers et contre tous), votre droit au repos hebdomadaire, jusqu'à ce qu'on vous l'ait accordé. »

*N'y a t-il pas une loi touchant le repos hebdomadaire ?*

Oui, la Chambre des députés a voté le 27 mars 1902, une proposition de loi sur le repos hebdomadaire ; malheureusement l'insuffisance et les contradictions de cette proposition en rendent l'adoption quasi impossible au Sénat, qui d'ailleurs ne se presse pas de la discuter ni de la voter.

*Que faire en attendant le vote de cette loi ?*

Il faut que tous les syndicats et tous les ouvriers Jaunes s'entendent pour obtenir des patrons le repos hebdomadaire et ne cessent de réclamer auprès des pouvoirs publics le vote d'une loi si nécessaire au bien-être de la classe ouvrière et si utile à l'industrie elle-même. »

(Nous sommes heureux de donner ici une lettre très remarquable de M. Biétry, écrite à un journal parisien, à l'occasion d'une enquête sur le *Repos hebdomadaire*.)

## LETTRE DE M. PIERRE BIÉTRY

C'est avec plaisir que je vais mettre ma pensée sous votre questionnaire concernant l'enquête que vous poursuivez sur le « repos hebdomadaire. »

Si les détails n'avaient pour conséquence d'obscurcir les faits et les meilleurs raisonnements, je commencerais par vous narrer les plaintes de mes correspondants et affiliés.

Ici, à la *Fédération nationale des Jaunes de France*, nous recevons les échos de toutes les doléances répétées par nos camarades les ouvriers, et, je puis le dire, la question du *repos hebdomadaire* est celle qui me paraît hanter avec plus de force toutes les individualités ouvrières et toutes les organisations professionnelles.

D'autre part, nous avons dans certaines bourgades des amis dont quelques-uns sont curés, n'en déplaise à M. Combes, qui nous tiennent très au courant. Au risque d'allonger un peu ma lettre, je vous cite cet extrait d'une lettre qui me vient d'un brave prêtre de Marseille par le même courrier que votre questionnaire :

*Le dimanche, passant sur les quais où l'on travaillait comme les autres jours, il m'est arrivé d'être interpellé ainsi : « Monsieur le Curé, puisque vous êtes bien avec M. X., dites-lui donc qu'il nous laisse un peu souffler le dimanche; nous nous abrutissons. Nous* n'irons pas à la messe — peut-être — mais nous nous reposerons, nous nous mettrons un peu propres, nous serons un peu avec la femme et les enfants. »

« Or, ajoute le bon Curé, je fis des démarches plus pressantes auprès des « représentants » mais ne pus rien obtenir. Les amateurs et négociants préfèrent payer des frais pour nos églises qui ne reçoivent rien de la commune ni de l'État, mais ils font travailler le dimanche, même les jours de fête comme à la Pentecôte et, ajoute-t-il mélancoliquement, je n'ose plus passer ces jours-là sur les quais. »

Mais, nous vivons dans un temps où les efforts et les sentiments des prêtres ne pèsent pas lourd dans la balance, aussi bien du côté patronal que du côté ouvrier ; la citation que je viens de faire en est une nouvelle preuve ; nous allons donc examiner la question en tenant compte du cadre très précis où vous l'avez placée.

Voyons donc le repos hebdomadaire, d'abord par le ventre, selon une expression chère au socialisme.

L'employé et l'ouvrier doivent le revendiquer :

1º Parce que, dirait M. de Lapalisse, si on donne du repos à l'homme il se reposera ;

2º Parce que — au point de vue professionnel — le repos d'un jour par semaine implique en quelque sorte une augmentation de salaire, *du fait démontré par les expériences que les salaires mensuels ou hebdomadaires n'en sont presque jamais diminués ;*

3º Une journée par semaine l'ouvrier pourra consacrer son temps aux intimités familiales ;

4º Suivre les offices de sa religion s'il le désire ;

5º Se concerter où il voudra, sous la forme qu'il lui conviendra, *avec tous les autres travailleurs de sa corporation,* pour l'amélioration de sa condition, sans avoir à solliciter l'autorisation d'abandonner momentanément son poste ;

6° Le *repos hebdomadaire* dans certains métiers ou pendant certaines saisons supprimera le chômage — en mettant fin à un travail *incessant* — de nuit et de jour, effectué par des catégories d'ouvriers et de patrons désireux d'éviter un embauchage supplémentaire momentané.

*Le repos hebdomadaire doit donc faire l'objet des revendications ouvrières.*

Il doit être l'objectif de l'organisation industrielle et commerciale de *tous les patrons* :

1° Parce qu'ils se libéreront ainsi eux-mêmes ;

2° Parce qu'ils pourront régulariser la production et la discipline ébranlées et rendues chaotiques par le surmenage et les « lundis ; »

3° Parce que, enfin, la trêve généralisée du repos hebdomadaire — j'en ai vu moi-même les résultats dans des usines et dans des chantiers de maçons, pour ne citer que ces exemples — *augmente la quantité et la qualité de la production.*

J'entendis confirmer cela par plusieurs entrepreneurs pendant le dernier Congrès de la Ligue pour le repos hebdomadaire.

Concluons : Le « repos » étant désiré et désirable par tous les partis et tous les intéressés, doit-il être imposé légalement ?

Je répond carrément : oui ! avec des réserves évitant l'arrêt des organismes dont la vie doit être permanente, ainsi que la conséquence morne d'une fermeture des établissements publics, comme en Angleterre.

Le contrôle légal tout indiqué est dans l'inspection du travail.

Le jour du repos hebdomadaire doit être le dimanche :

1° Parce que la tradition plusieurs fois séculaire l'a passé dans nos mœurs, et que *rien* ne le fit jamais regretter;

2° Parce qu'il donne aux catholiques et à tous les membres de toutes les professions chrétiennes qui forme la quasi unanimité dans le pays, la possibilité d'observer les règles de leur religion ;

3° Parce qu'il est impossible de changer le dimanche par un autre jour *sans avouer que l'on déclare la guerre au christianisme.*

Les réserves indiquées plus haut pour la réalisation légale du *repos hebdomadaire, le dimanche,* doivent porter sur les points suivants : à savoir que les services et établissements publics : chemins de fer, voitures, postes, restaurants, cafés, musées, établissements forains, etc., etc., qui auront le droit de travailler le dimanche, seront tenus par la loi d'organiser un roulement du personnel tel *qu'au moins deux fois par mois, chaque employé, ouvrier et fonctionnaire sera de repos le* dimanche :

1° Par respect pour la conscience individuelle ;

2° Pour que chacun puisse partager à son tour les réjouissances et fêtes générales.

Voilà, cher Monsieur, peut-être un peu plus longuement que vous ne l'auriez désiré, tout ce que je puis dire sur la question du « repos hebdomadaire. »

J'ajoute que le socialisme, si fertile en promesses de réformes utopiques, ne mit jamais à l'ordre du jour d'aucun de de ses Congrès cette réforme primordiale.

Il appartient peut-être aux gens que l'on qualifie *réactionnaires,* parce qu'il ne sont pas *révolutionnaires,* et aux catholiques qui furent dans toutes les circonstances essentielles les meilleurs bergers du peuple, de réaliser par un effort soutenu cette grande revendication ouvrière, chrétienne et sociale.

*Le président fondateur
de la Fédération nationale des Jaunes,*
Pierre Biétry.

## A CAEN

### Une manifestation ouvrière pour le chômage du dimanche.

16 septembre 1904

Hier matin dimanche, un fort groupe d'ouvriers maréchaux, réunis boulevard Saint-Pierre, a parcouru les diverses rues de la ville où se trouvaient les ateliers afin de provoquer au chômage les ouvriers qui travaillaient encore.

Beaucoup d'ateliers étaient fermés, les patrons reconnaissant le bien fondé desr éclamations qui leur avait été faites ; nous citerons les maisons Griard, Brière, Talfumière, Mancel, Driault, Surirey, Anne, Fouques.

Travaillaient les maisons Charruel, Hamel, Goubin.

Les ouvriers ont particulièrement manifesté devant la maison Charruel, dans laquelle travaillait un de leurs camarades syndiqué. De là, ils sont allés à la maison Hamel, rue Guillaume, et à la maison Goubin, rue de Bayeux, où ils ont également manifesté, et se sont rendus à la Bourse libre du Travail « jaune, » où se tenait un fort groupe de dockers et débardeurs, dont c'était la réunion.

Les manifestants auxquels s'étaient joints, par esprit de solidarité, les dockers et débardeurs, ont fait vers 10 heures et demie, une nouvelle manifestation devant la maison Charruel, rue des Teinturiers, manifestation pacifique, où aucune voie de fait ne peut être relevée, une foule énorme et sympathique assistait à ce défilé et commentait favorablement les événements.

Confiants en leurs droits, les ouvriers poursuivront fermement la conquête de leurs desiderata, convaincus que tout le monde applaudira à leurs justes et légitimes revendicatiohs.

Le groupe s'est ensuite séparé après avoir pris l'engagement de recommencer dimanche prochain, si satisfaction ne leur est pas donnée.

Mardi prochain, à 8 heures du soir, réunion de la corporation, laquelle prendra les dispositions nécessaires pour provoquer une réunion vendredi, à laquelle les patrons seraient invités à assister.

L'appel suivant a d'ailleurs été adressé à ses camarades, par le secrétaire général de la Bourse Indépendante « Jaune »

Camarades,

Vous avez fait tout votre devoir, d'abord en convoquant par trois fois, depuis le mois de juin dernier, les patrons pour leur présenter vos justes et légitimes revendications, vous avez fait votre devoir ensuite en ne vous laissant pas entraîner à des actes de violences réprouvables.

Il est de notre dignité d'agir avec fermeté mais non avec exaltation. Soyons fiers du titre d'indépendants que nous avons pris; n'écoutons que notre sagesse seule pour nous diriger, seulement alors nous serons respectés et nous aurons avec nous l'appui de tous ceux qui pensent que l'ouvrier n'est pas une bête de somme et a besoin d'un repos bien gagné par six jours de labeur.

Nous sommes tous solidaires les uns des autres; votre cause est juste, vous pouvez compter sur l'appui et la solidarité qui unit tous les syndicats adhérents à notre siège social; vous protestez, nous protesterons avec vous jusqu'au jour où vous aurez obtenu satisfaction.

Mais que l'on sache bien que ce n'est pas une guerre que vous déclarez aux patrons, que vou n'agissez que dans la limite de votre droit, et qu'il ne faut pas qu'on puisse mal interpréter le mouvement que vous avez fait. Votre ligne de conduite est tracée, suivez-la.

EUDES
Secrétaire général de la Bourse libre
du Travail.

## XXI. — Jardins et logements ouvriers.

*Qu'entendez-vous « par jardins ouvriers ? »*

J'entends des portions de terrain louées ou concédées aux ouvriers pour qu'ils puissent les cultiver et en retirer des légumes et des fruits.

*Ces portions de terrain, qui peut les louer ou les acheter et les mettre à la disposition des ouvriers ?*

Les syndicats ouvriers, s'ils sont assez riches, ou des associations philantrophiques, ou des individualités charitables.

*Est-ce que cela s'est produit dans beaucoup d'endroits ?*

Oui, et il n'y a pas de département en France où n'existe, en plusieurs localités, l'œuvre des Jardins ouvriers.

*Qui donc a eu l'idée d'encourager et de développer cette œuvre ?*

Un député très dévoué à la classe ouvrière, l'abbé Lemire, qui, tout dernièrement encore, ouvrait à Paris un congrès des jardins ouvriers, auquel de hautes personnalités étrangères et françaises prenaient part. Bien plus, le susdit abbé dirige avec beaucoup de zèle une revue mensuelle *le Coin de terre et le foyer,* qui réclame pour l'ouvrier l'usage et la propriété du sol natal.

*Ces jardins ouvriers sont donc bien utiles ?*

Évidemment, et l'ouvrier des villes les réclame pour lui et pour sa femme, alors même qu'il ne peut pas se les procurer.

*Quels avantages les ouvriers trouvent-ils dans les jardins ?*

Ces avantages sont multiples. Les jardins attirent l'ouvrier, l'occupent dans ses moments de loisir, le détournent du cabaret, lui font respirer le bon air, à lui, à sa femme, à ses enfants, et combattent ainsi la tuberculose, l'anémie. Et, de plus, ils lui procurent des légumes frais et diminuent notablement le budget de ses dépenses.

*Pourquoi donc tous les ouvriers ne jouissent-ils pas d'un jardin à la campagne?*

Parce que, probablement, ce serait impossible de le leur procurer à tous, surtout dans les grandes villes, où ils sont trop nombreux ; ou bien, parce que plusieurs n'en comprenent pas l'utilité et ne voudraient pas s'astreindre à le cultiver ; ou, enfin, parce que, jusqu'ici, les ouvriers ne se sont pas entendus entre eux et n'ont pas sollicité avec assez d'instance, auprès de leurs chefs, ce jardin qu'ils doivent tous désirer !

*Mais ces jardins ouvriers ne sont-ils pas trop dispendieux pour qu'on puisse les établir partout?*

Nous ne le pensons pas. Avec quelques centaines de francs, on peut louer un vaste terrain dans les champs et le distribuer par lots séparés.

*Ces lots seront-ils attribués gratuitement aux ouvriers?*

Oui, probablement ; en tout cas, le prix de location serait bien minime et à la portée de toutes les bourses.

*Les ouvriers peuvent-ils devenir propriétaires de leur jardin?*

Au bout de quelques années peut-être ; et moyennant une cotisation relativement minime, qu'ils auront soin de fournir.

*Mais les instruments aratoires et les semences, comment se les procurer?*

Habituellement, c'est l'Œuvre des jardins qui les fournit et les donne aux ouvriers, en même temps qu'elle indique, à ceux qui l'ignorent, la manière de cultiver.

*C'est très bien pour l'ouvrier d'avoir un jardin, mais ce serait mieux s'il habitait une maison de campagne!*

Évidemment, d'autant plus que les logements ouvriers des villes sont souvent fort chers, insuffisants et insalubres !

*Les ouvriers devraient donc ne pas loger dans les villes ?*

Bien sûr, et s'ils le font, ce ne peut être que par force et parce que leur travail les y contraint.

*Cependant, c'est plus agréable et plus commode d'habiter en ville ?*

Nous ne nions pas certains avantages des logements urbains, mais nous estimons que ces avantages sont inférieurs à ceux que procure l'habitation à la campagne, à la porte des villes.

*Existe-t-il des Sociétés d'habitations ouvrières à bon marché ?*

Oui, nous connaissons beaucoup de ces sociétés.

*Pouvez-vous nous donner une idée de leurs opérations ?*

Constitution en dix, quinze, vingt années, à la volonté du souscripteur : d'un capital espèces ; d'une retraite, quel que soit l'âge de l'adhérent ; d'une dot pour les enfants ; d'une propriété, maison d'habitation. En conformité des statuts, des *avances de fonds* sont faites aux sociétaires sur leurs contrats, sans déchéance ni intérêts. Minimum du versement : 5 fr. par mois.

*A quel prix une société, dans ces conditions, bâtirait-elle et vendrait-elle une maison ouvrière ?*

Pour une maison composée de rez-de-chaussée : une pièce commune (W. C.) ; premier étage : une chambre à feu ; elle serait payable à raison de 13 fr. 35 par mois.

Pour une maison composée de rez-de-chaussée : trois pièces à feu (W. C.), un grand grenier ; elle serait payable à raison de 20 francs par mois.

*Les ouvriers syndiqués peuvent-ils s'entendre avec une société et en obtenir des concessions avantageuses ?*

Oui, mais nous leur conseillons de s'entourer de tous les renseignements utiles avant de s'aboucher avec une société, ou de prier le Directeur du *Jaune* de s'occuper de cette affaire en leur faveur ; — et ce dernier sera plus à même à Paris de trouver une combinaison avec les diverses sociétés pour les constructions ouvrières en province.

## XXII. — Recherche du travail et bureaux de placement.

*Quelle doit être la grande préoccupation des ouvriers ?*

C'est évidemment de trouver du travail, qui les soustraira à l'oisiveté (mauvaise conseillère), qui les aidera à gagner leur vie et celle de leur famille.

*Ce travail, où le trouver ?*

Hélas ! il paraît qu'à la campagne, il n'y a pas, en temps ordinaire, assez de travail pour occuper tous les bras vigoureux ou du moins que ce travail n'est pas suffisamment rétribué ! C'est là une des raisons mises en avant par les ouvriers, pour excuser ou expliquer leur désertion des champs. Si elle est vraie, il faut la déplorer ; car, somme toute, la vie à la campagne est encore et sera pour l'ouvrier toujours plus avantageuse, sous bien des rapports, que la vie en ville !

*Dans les villes, y a-t-il du travail pour tous les ouvriers ?*

Entendons-nous ! Il est certain qu'en ville, certains travaux, qui ne se font que là, demandent des ouvriers nombreux et les occupent habituellement. Mais combien de métiers sont sujets aux chômages plus ou moins prolongés ! De plus, l'affluence excessive des travailleurs dans les villes fait qu'il n'y a pas de place ni de travail pour tous. Ne voit-on pas tous les jours, cinquante ou cent personnes se présenter pour un ou deux emplois vacants ?

*Les sans-travail sont donc nombreux dans les villes ?*

Oui, hélas ! et de tous côtés on ne voit et ne rencontre

que des ouvriers qui ne demandent qu'à travailler et qui se plaignent de ne pouvoir le faire.

*Cependant, n'est-il pas vrai aussi que beaucoup de personnes cherchent des employés ou des ouvriers pour leur service et n'en trouvent pas toujours?*

Cela est peu fréquent. D'ailleurs, de pareils cas ne se produisent que pour des industries ou des emplois spéciaux que ne peuvent exercer les premiers venus.

*N'y a-t-il pas des remèdes à cette situation?*

Oui, et l'on en a trouvé plusieurs, tels que les *Petites Affiches*, les annonces et les bureaux de placement.

*Que faut-il penser des bureaux de placement?*

En soi, leur utilité est incontestable, mais le fonctionnement doit en être gratuit, car c'est là que les patrons vont demander des ouvriers, et que ces derniers se présentent pour en trouver.

*D'où vient que les ouvriers se plaignaient des bureaux de placement payants et en ont réclamé la suppression?*

De ce que ces bureaux étaient devenus des instruments d'exploitation, alors même qu'ils ne leur procuraient pas toujours du travail !

*Que faut-il penser des bureaux de placement gratuits ouverts dans les mairies ou autres lieux municipaux?*

Ils rendent de véritables services aux ouvriers, nous ne voulons pas le nier; toutefois, ils sont trop souvent une officine politique et les mêmes abus que dans les bureaux payants menacent de se produire de par la vénalité de certains employés.

*Quel serait donc l'idéal, en fait de bureaux de placement?*

L'idéal, c'est ce que les « Jaunes » ont constitué à Paris et partout où ils l'ont pu, c'est-à-dire des bureaux gratuits te-

nus par des amis des ouvriers, et qui se trouvent reliés entre
eux par nos Bourses libres du travail.

*Comment fonctionnent ces bureaux de placement ?*

Très simplement. On informe les ouvriers et les patrons
d'un quartier ou d'une ville, que tels ou tels tiennent ouvertes leurs maisons, avec un registre où sont marquées les
demandes et les offres d'emploi.

*Les syndicats ouvriers peuvent-ils, eux aussi, ouvrir des bureaux
de placement gratuits ?*

Oui, dans le local qui les réunit ou ailleurs, et en n'exigeant des ouvriers que d'adhérer à leurs groupements ; c'est
ce qui se fait, en particulier, à Boulogne sur-Seine, pour les
blanchisseurs, et ailleurs où les « Jaunes » sont fédérés !

*Que faut-il penser des bureaux de placement tenus par les syn-
dicats rouges ?*

Ils sont des instruments de tyrannie, la plupart du temps,
parce qu'ils ne procurent du travail qu'aux ouvriers qui
acceptent leur programme et partagent leurs idées.

*Dès lors, la loi qui supprime les bureaux de placement payants
a été faite au profit des socialistes ?*

Oui, car ces derniers possèdent des ressources pécuniaires, par les subventions gouvernementales qu'ils obtiennent
et ils peuvent ainsi payer le local et les employés de leurs
bureaux de placement.

*Que faire à cela?*

Créer partout des Bureaux, dirigés et tenus par les « Jaunes » et pour cela faire appel à la générosité de tous les bons
Français qui comprennent que « le socialisme » est l'ennemi !

*Les patrons et les ouvriers ont-ils intérêt à la création des Bu-
reaux des Jaunes ?*

Évidemment, puisque dans ces bureaux, tous les ouvriers

honnêtes seront bien accueillis et que les patrons seront mieux servis.

*Qui peut maintenant ouvrir les bureaux de placement ?*

D'après la nouvelle loi de mars 1904 : « Les bureaux de placement *gratuits* créés par les municipalités, par les syndicats professionnels ouvriers, patronaux et mixtes, les Bourses du travail, les Compagnonnages, les Sociétés de secours mutuels et toutes autres Associations légalement constituées, ne *sont soumis à aucune autorisation.* »

## XXIII. — Les ouvrières.

*Qu'entend-on par ce mot « les ouvrières ? »*

Ce sont toutes les femmes et jeunes filles, en trop grand nombre, hélas ! qui ne peuvent se donner exclusivement aux soins du ménage, et se trouvent dans la nécessité de travailler, soit dans l'usine, soit à l'atelier, pour rapporter un salaire qui les aide à vivre elles et leurs famillesr.

*Le sort des ouvrières est-il heureux, en général.?*

Non et l'on peut affirmer que la plupart d'entre elles sont très à plaindre, quoique heureusement, elles se soumettent assez joyeusement aux rigueurs de leur condition.

*De quoi les ouvrières ont-elles le droit de se plaindre ?*

1° De l'excès de travail auquel on les astreint dans les ateliers de couture, de modes, de blanchisserie... principalement ;

2e De la modicité de leur salaire pour des travaux pénibles, fatigants et prolongés ;

3e De la mauvaise tenue des ateliers, magasins, usines où les ouvrières ne respirent qu'un air malsain, se fatiguent et s'épuisent le tempérament, et sont les victimes de propositions immorales...

*N'y aurait-il pas un moyen de remédier à tous ces maux des ouvrières ?*

Oui, ce serait la création de syndicats d'ouvrières semblables aux syndicats d'ouvriers et qui permettraient aux ouvrières de s'entendre, de se soutenir et de faire valoir avec plus de succès, leurs justes revendications, auprès de leurs patrons ou employeurs.

*Ces syndicats d'ouvrières existent-ils ?*

Hélas ! non, ou du moins en si petit nombre qu'on peut les compter en France ; et cela tient en grande partie à la difficulté de convaincre les ouvrières de la nécessité et des avantages de l'union entre elles.

*Doit-on s'appliquer à multiplier les syndicats d'ouvrières ?*

Oui, à Lyon, Mlle Rochebillard a réussi à en créer de très florissants. A Paris également, il y a des syndicats ; on a commencé d'en créer d'autres, et l'avenir s'ouvre brillant pour les fondatrices.

*De qui se composera les syndicats d'ouvrières ?*

Des catégories de divers métiers, en petit nombre tout d'abord. Une ouvrière intelligente et dévouée proposera à ses compagnes de former avec elle un syndicat, dont elles arrêteront ensemble les statuts, et peu à peu elles multiplieront les adhérentes du même métier.

*Mais cela n'est pas si facile à faire qu'à dire ?*

Évidemment, pour former un syndicat d'ouvrières, il faut de la ténacité, de l'argent, un local, une direction ; mais ce ne peuvent pas être là des obstacles insurmontables, même pour des femmes !

*Y a-t-il beaucoup d'avantages pour les ouvrières à se syndiquer ?*

Incontestablement, puisque leurs syndicats les uniront et les grouperont et que l'union fait la force ; puisqu'elles pourront ainsi constituer des sociétés de secours mutuels, des coopératives de production ou de consommation, des bureaux de placement gratuit, des cours professionnels, etc., etc.

*Les ouvrières peuvent-elles se syndiquer avec les ouvriers ?*

Oui, et il en est ainsi à Boulogne-sur-Seine où le syndicat des blanchisseurs admet les hommes et les femmes ; et les ouvrières s'en trouvent bien.

*Les syndicats d'ouvrières peuvent-ils s'affilier au parti des Jaunes ?*

Sans doute et ils trouveront au journal et dans le comité des « Jaunes » tout l'appui et le dévouement voulus, pourvu que les ouvrières adhèrent à notre programme !

## XXIV. — Lecture et Journaux.

*Ne puis-je pas tout lire ?*

En conscience, un ouvrier qui se respecte, ne doit pas lire un feuilleton ou un roman grossier et obscène qui n'est que l'histoire et le tableau de toutes les infamies et qui emprunte l'argot des mauvais lieux pour se tenir à la hauteur des mœurs dépravées.

*Pourquoi ne puis-je pas lire tout roman ?*

Parce que vous vous procurez, en le lisant, le plaisir le plus honteux que je connaisse ; parce que cette lecture éveillerait en vous la passion des sens et lui donnerait un aliment malsain.

*Mais si un roman est en apparence honnête ?*

Qu'importe que la coupe soit bien ciselée, si elle contient du poison ? Les livres délicatement immoraux sont souvent plus dangereux que les livres grossièrement obscènes.

*Un ouvrier ne peut-il pas lire les journaux socialistes ?*

En général, non, car ces journaux sont tous révolutionnaires, anticléricaux, et par conséquent, ennemis des ouvriers dont ils se servent. Or, si les écrits utopiques finissent par corrompre le jugement, les écrits impies corrompent les idées. Le mal qu'ils font est intense, profond, irrémédiable.

*Qu'enseignent donc ces journaux?*

Ils prétendent légitimer les passions, l'envie et la haine; sous un prétexte humanitaire, ils veulent abolir la propriété. Ils créent la guerre civile, sous l'autre prétexte que tous les hommes sont frères.

*Est-ce tout?*

Non! et nous n'en finirions pas si nous voulions signaler tous les méfaits de certaine presse. Elle tourne en ridicule la fidélité de l'épouse. La pureté des vierges lui est odieuse; elle la raille, la soupçonne. Elle vilipende ceux qui ont la foi en Dieu et la vie religieuse. Telles sont les idées bêtes et méchantes que les journaux socialistes jettent dans l'âme de la foule.

*Après tout, je suis libre de lire ces journaux et d'ailleurs, ils ne me font pas d'impression et je suis assez sûr de moi pour n'avoir rien à craindre!*

A côté de votre liberté, il y a votre devoir qui doit contenir vos passions, comme les berges, le long d'un fleuve, peuvent le contenir. Nous pouvons tout lire, mais nous ne devons pas tout lire, c'est certain.

Vous vous permettez telle lecture mauvaise, parce qu'elle vous amuse. Ah! le mal vous amuse, l'impureté vous amuse; vraiment, cela ne prouve pas une grande délicatesse de conscience. Prenez garde. Vous jouez avec le feu. Vous pourriez bien vous brûler. Vous jouez avec une vipère, vous attraperiez une morsure que vous ne l'auriez pas volée.

*Mais il faut bien pourtant connaître la vérité et entendre le pour et le contre?*

C'est nécessaire, dans les questions de doctrine sociologi-

que, oui, il faut connaître « le contre. » Mais les journaux
sérieux vous le signalent et le réfutent. Il n'est pas utile de
marcher dans la boue pour savoir qu'elle est salissante Prenez garde. Le mal a toujours une puissance particulière pour
séduire notre nature ; il se glisse en traître dans notre esprit
et dans notre cœur, qui deviennent bientôt ses complices.

*Alors, vous croyez à l'influence pernicieuse de la mauvaise
presse ?*

Oui, sûrement ; et nous estimons qu'un des plus grands
maux de la classe ouvrière en France, c'est la lecture de feuilles qui flattent et excitent ses instincts et finissent par faire,
des ouvriers les plus honnêtes et les plus pacifiques, de véritables révolutionnaires et anarchistes et des antichrétiens for-
cenés.

*Quels sont les plus mauvais journaux ?*

Les nommer tous est impossible. Toutefois nous devons
signaler : *La Lanterne, la Petite République, l'Action, l'Humanité, le Radical, la Raison, l'Aurore,* etc.

*Ce sont là des journaux politiques socialistes, mais n'y en a-t-il
pas d'autres purement ouvriers ?*

Oui, et ceux-là sont également dangereux ; ce sont la
Voix du peuple, — le Libertaire, — les Temps nouveaux, —
pour ne nommer que les plus répandus et qui, chaque
semaine, débitent les théories collectivistes, anarchistes... les
plus mensongères et les plus subversives...

*Mais alors quels journaux les ouvriers peuvent-ils lire ?*

Nous n'avons pas besoin de les désigner ici ; ils sont assez
connus et en grand nombre. Que les ouvriers se fassent
gloire de les lire, ainsi que le « Jaure » et les journaux honnêtes et sains de province. Ça ne leur coûtera pas plus cher
et ça sera plus intéressant et plus utile.

# XXV. — Cercles d'Études et Orateurs populaires

*Qu'entendez-vous par Cercles d'Études ?*

Un Cercle d'Études est un groupe d'hommes, d'ouvriers généralement, qui se réunissent périodiquement ; chacun expose à tour de rôle, une question morale, sociale, économique ; les autres discutent ensuite, tous s'efforçant d'approfondir la question et les solutions proposées ; un *conseiller du Cercle* met le plus souvent son expérience et sa compétence au service des ouvriers du groupe.

*Quels ouvriers forment un Cercle ?*

Ce sont les ouvriers d'un même syndicat ou bien de plusieurs, qui sentent le besoin de s'instruire, de s'éclairer et de se former une opinion raisonnée sur telle ou telle question.

*Les Cercles d'Études existent-ils ?*

Oui ; sous l'impulsion d'un homme de haute valeur, M. Marc Sangnier, de nombreux Cercles d'Études se sont constitués un peu partout ; la plupart du temps, pour ne pas dire toujours, ces Cercles ne groupent que des jeunes gens et sont ouvertement chrétiens. C'est un des reproches adressés par les adversaires du Sillon.

*Que faut-il penser des Cercles du Sillon ?*

Il faut en penser beaucoup de bien ; être heureux de les voir s'établir et les encourager ; mais à côté de ces cercles de jeunes gens, on doit créer des cercles d'hommes et aussi des cercles de femmes, choisis, dans la classe ouvrière, parmi les « Jaunes. »

*Quels résultats peut-on attendre des Cercles d'Études ouvriers ?*

Les résultats désirables sont des idées justes et saines, et des résolutions pratiques et sages, au sujet des questions nombreuses que des ouvriers auront à traiter ensemble.

*Pouvez-vous nous indiquer quelques-unes de ces questions?*

Je ne saurais mieux faire que de vous signaler les questions que j'ai abordées dans ces modestes « Cahiers de l'Ouvrier. » Elles méritent d'être discutées, approfondies entre ouvriers, et elles devraient d'abord servir de programme et d'objet d'étude dans les réunions hebdomadaires des cercles de travailleurs.

*Il y aura peu d'ouvriers qui voudront faire partie du Cercle d'Études ?*

Il n'est pas nécessaire qu'il y en ait beaucoup. Une dizaine d'ouvriers intelligents et actifs suffiront ; et quand ils auront étudié ensemble les questions et se seront fait une opinion arrêtée, ils seront aptes à conseiller et à guider leurs camarades moins instruits.

*Alors les Cercles d'Études ne groupent que l'élite et forment des chefs ?*

Oui, et tout le monde comprendra la nécessité de créer parmi les ouvriers cette élite qui sera habituée à la discussion, à la parole publique, et pourra, à la tête des syndicats, exercer une salutaire influence sur les idées et les actes de leurs camarades.

*Pourquoi ces orateurs populaires ?*

Parce que le peuple est toujours mieux disposé à écouter les ouvriers comme lui, de préférence aux bourgeois orateurs, qui ne méritent pas toujours sa confiance, et dont il se défie.

*Les « Jaunes » ont-ils intérêt à posséder des meneurs et des orateurs ouvriers ?*

Sans aucun doute ; autrement leur programme ne sera pas compris, ni accepté ; et nos orateurs ouvriers auront pour mission d'en démontrer la sagesse et de maintenir nos adhérents dans la voie des justes revendications.

*Existe-t-il des orateurs populaires ?*

Oui, et plusieurs parmi eux ont un vrai talent de parole ; malheureusement, tous ou presque tous sont socialistes, collectivistes, communistes et anarchistes, et excitent les ouvriers à la révolution, au lieu de leur prêcher les saines doctrines qui conduisent l'ouvrier à la propriété.

*Et vous, au « Jaune » possédez-vous de bons orateurs ?*

Nous possédons d'abord notre cher directeur Biétry, et aussi, quelques autres camarades, tout disposés à parcourir la France et à porter la bonne parole, là où on les appellera, soit pour former des syndicats, soit pour créer des Bourses indépendantes. Et bientôt, les Jaunes auront à leur service, une armée de vaillants compagnons, instruits et sachant praler, dont il faudra user et qui seront les apôtres laïques de la classe ouvrière.

## XXVI. — Participation aux bénéfices et au capital.

*Qu'entendez-vous par là ?*

Plusieurs choses que je vais tâcher d'expliquer, sans avoir la prétention de tout dire, et en laissant au *Jaune* le soin de traiter cette question à fond.

*Les patrons sont-ils tenus de donner à leurs ouvriers, une part de leurs bénéfices ?*

Même quand les patrons offrent à leurs ouvriers un salaire suffisant et convenable pour le travail accompli, nous croyons qu'en « justice stricte, » ils sont *en plus,* tenus de donner une part de leurs bénéfices.

*N'est-ce pas le travail des ouvriers qui procure ces bénéfices parfois considérables aux patrons ?*

Oui, en partie ; aussi quand de plus ces bénéfices sont

réalisés au détriment des ouvriers, (qu'on ne paie pas assez de leur travail), la participation devient une double dette, que les patrons ont à acquitter envers les travailleurs.

*Que pensent de cela les patrons ?*

Les patrons, en général, ne se croyant pas *obligés* de partager leurs bénéfices avec leurs ouvriers, ne le font pas et s'ils le font, c'est à titre de charité ; et ils veulent, dans ce cas, qu'on leur en soit très reconnaissant, comme s'il n'y avait pas à cela presqu'autant d'avantage pour eux que pour leurs employés.

*Les ouvriers ont-ils un droit réel à la participation aux bénéfices ?*

Oui, nous prétendons que lorsqu'un effort commun a donné un produit, ce produit appartient, dans des proportions variables, à tous ceux qui ont participé à cet effort.

*Cette participation aux bénéfices a-t-elle existé de tout temps ?*

Certainement ; témoin la part de butin de guerre donnée au soldat, chez nos aïeux ; témoin aussi, le bateau corsaire sur lequel, après paiement des appointements fixes, le mousse comme le capitaine avaient des parts de prises, etc., etc...

*Mais cette participation, qui la répartira ?*

Évidemment c'est le patron qui devra se montrer sincère et honnête tout en gardant pour lui une plus grande part de bénéfices.

*Et si vraiment il n'y a pas de bénéfices à partager ?*

Dans ce cas, les ouvriers devront en prendre leur parti et faire cause commune avec le patron dont ils ne peuvent dans ce cas, rien exiger.

*Les ouvriers pourraient-ils exiger la participation aux bénéfices ?*

Oui, croyons-nous ; mais leur droit n'étant pas établi par la loi, ils n'auraient probablement aucune chance de l'obtenir de certains patrons, lesquels ne manqueraient pas de nier ce droit.

*Q'ont à faire les ouvriers en attendant ?*

Se contenter de demander, sans violence, cette participation, sous une forme ou sous une autre, de la part des patrons, mais s'attacher surtout, à *devenir actionnaires des industries* qui les emploient, comme nous allons le dire.

*Comment les ouvriers pourront-ils obtenir de participer d'une façon régulière et sans qu'on leur fasse la charité aux bénéfices des industries qui les emploient ?*

Il en sera ainsi, le jour où les patrons faciliteront à leurs ouvriers le moyen d'acheter des obligations ou des actions financières de leurs industries. Ces actions formeront une partie du capital industriel, dont l'intérêt, plus ou moins grand, profitera aux ouvriers, lesquels seront devenus copropriétaire des patrons dans la mesure de l'argent qu'ils auront souscrit et versé.

*Mais les ouvriers n'ont pas assez d'économies pour acheter ainsi des obligations ou des actions.*

Ça dépend ; si ces actions sont chacune de 50 francs, de 100 francs seulement, il est à supposer que presque tous les ouvriers pourront en acheter, ne fût-ce qu'avec les retenues mensuelles, consenties sur leur salaire, ou en mettant leur ressources en commun.

*Mais comment décider les patrons à cela ?*

En le leur demandant ; et en leur expliquant qu'ils ont, eux aussi, intérêt à faire de leurs ouvriers, des actionnaires de leur industrie ; parce que ces ouvriers-actionnaires travailleront mieux, auront plus à cœur de faire réussir les entreprises de leurs patrons, ne fomenteront plus de grèves et s'attacheront davantage à l'usine dont ils seront devenus les copropriétaires.

*Existe-t-il des industries où ce système de participation aux bénéfices soit appliqué ?*

Oui heureusement ; et nous avons déjà cité, nous semble-t-il, les usines Japy, dans le Doubs ; la papeterie Laroche-Joubert, à Angoulême, et d'autres maisons, où des ouvriers nombreux sont actionnaires et touchant de forts intérêts de leur argent.

*Et si ces industries, dont les ouvriers sont devenus actionnaires, ne prospèrent pas ?*

Évidemment dans ce cas, nous n'engagerions pas les camarades à prendre des actions, s'ils prévoient que le patron fasse de mauvaises affaires et perde son propre capital et celui de ses actionnaires.

Mais il est prouvé que les industries dont les ouvriers sont actionnaires prospèrent ou se relèvent.

*D'ailleurs, n'est-il pas juste de participer aux pertes aussi bien qu'aux bénéfices des patrons ?*

Oui, surtout quand la participation aux bénéfices a été assez forte pour dédommager des pertes. En tout cas, si l'ouvrier ne veut courir que des chances de bénéfices et jamais les risques de pertes, il n'a plus le droit de se plaindre.

*Cet apport d'argent de la part des ouvriers peut-il avoir lieu dans les petits ateliers ?*

Pourquoi pas ? Voilà un menuisier-patron, par exemple, qui n'emploie que quatre ou cinq ouvriers ; qui l'empêche d'associer ces ouvriers à ses affaires, en se servant de l'argent qu'ils lui confieront, pour développer son industrie, et en leur donnant une part de ses bénéfices ?

*Mais si cette association des capitaux du patron et des ouvriers, est si facile et si avantageuse, d'où vient qu'elle n'existe pas généralement ?*

Cela vient, croyons-nous, de la défiance réciproque, que

les socialistes ont su exciter, entre les patrons et les ouvriers. Les premiers ne tiennent pas à rendre plus heureux leurs ouvriers, et ne leur proposent pas de mettre de l'argent dans leurs industries. Quant aux ouvriers, ils n'ont pas compris que donner leurs économies aux patrons, pour qu'ils les fassent fructifier dans leurs entreprises, c'était s'assurer une situation meilleure.

*Les « Jaunes » ont-ils l'espoir de rendre universel ce mode de participation aux bénéfices industriels ?*

Oui, car ils l'ont mis à la base de leur programme, et ils se font fort d'en démontrer partout les avantages, et de répondre aux objections qu'on pourra leur faire.

*Relisez cet en-tête du « Jaune. »*

« Les revendications légitimes du Prolétariat reposent sur la *participation aux bénéfices*, dont le point de départ est l'*achat*, par les travailleurs d'une parcelle du capital industriel. »

*Mais ne vous exagérez-vous pas les avantages de cette pratique ; un ouvrier possesseur d'une ou de deux actions financières, touchera à la fin de l'année, comme intérêts, 6, 7, 8 francs peut-être ; qu'est-ce que cela ?*

Cela ! n'est pas à dédaigner, d'autant plus que cet ouvrier pourra prendre de nouvelles actions, à la longue. Et d'ailleurs, les ouvriers syndiqués et devenus tous actionnaires, en réunissant, dans une même caisse, le taux de leurs intérêts, en formeront, s'ils le jugent utile, une propriété sociétaire, qu'ils pourront consacrer à des œuvres communes.

*Croyez-vous que les patrons consentent à accorder à leur personnel participant le droit de vérification de leurs livres et du contrôle de leurs actes commerciaux et industriels ?*

Cette vérification et ce contrôle s'imposent pour toutes les industries créées par des actionnaires, et nous ne voyons pas en quoi les patrons répugneraient à ce qu'ils fussent faits par les ouvriers-actionnaires au même titre que par d'autres actionnaires non ouvriers à condition que ces mêmes ouvriers acceptent que l'exercice soit parfois soldé par un déficit, et que, dans ce cas, ils s'entendent pour aviser aux moyens de faire prospérer leur industrie et non pas de la détruire, comme le prétendent les socialistes.

*Pourquoi ne pas, de suite, constituer, entre ouvriers, des Coopératives de production ?*

Parce que ces Coopératives nécessitent, pour leur formation et leur développement, des capitaux trop considérables, dont ne disposent pas les ouvriers, et qui ne seraient pas aussi bien gérés, peut-être par les directeurs-ouvriers de ces Coopératives, que par un patron, lequel apportant un gros capital dans son industrie, a plus d'intérêt à la faire prospérer.

*Alors, vous préféreriez que les ouvriers prennent des actions d'une industrie patronale, plutôt que de constituer entre eux une Coopérative de production ?*

Je ne dis pas absolument cela ; mais j'estime, qu'en général, il y a presque autant de profit et moins de risque à courir pour l'ouvrier, de placer ses économies dans l'industrie, fondée et dirigée par des patrons plus riches que lui, que de les placer dans une Coopérative, exclusivement ouvrière, de production, qui est souvent très exposée à ne pas réussir, et qui, en tout cas, n'est pas facile à créer !

*Pouvez-vous nous en donner la preuve ?*

Rien de plus facile. Voici, par exemple, certains cochers de fiacre qui ont fondé des Coopératives ; mais pour en faire partie et jouir des bénéfices, chaque cocher est obligé de verser 2 500 francs ; ce qui ne peut être qu'une exception, vous le comprenez.

Tandis que si la masse des cochers de l'*Urbaine*, de la Compagnie générale, etc., étaient mis à même d'acheter des actions ou même des obligations de leurs Compagnies respectives, ils pourraient imposer une administration plus économique, et participer, (au lieu et place des gros administrateurs), aux bénéfices des susdites Compagnies ; ce qui améliorerait leur sort, évidemment. Ensuite bien des abus commis par les cochers contre les Compagnies, détérioration du matériel, surmenage des animaux, etc., etc., disparaîtraient avec des cochers-actionnaires, qui se surveilleraient personnellement et mutuellement.

*Conclusion.* — Les ouvriers aussi bien que les employés, doivent s'appliquer à économiser un peu d'argent, pour devenir actionnaires des industries ou du commerce qui les emploient, et participer de plus en plus à leur fonctionnement et à leurs bénéfices.

(Nous croyons être utiles et agréables à nos lecteurs en publiant, à la suite de ce chapitre, un article de M. Poizat, paru dans « le Jaune, » et qui confirme merveilleusement ce que nous venons de dire.)

## DE LA PARTICIPATION AUX BÉNÉFICES ET AU CAPITAL

Expliquons-nous, nous ne sommes pas des révolutionnaires, nous ne poursuivons pas la réalisation d'une utopie, mais simplement une transformation raisonnable des conditions du travail.

De plus en plus, l'Usine tend à s'élargir. De moins en moins, elle est la propriété d'un seul patron. La Société anonyme prend peu à peu la place du capital individuel. Et l'on entrevoit le moment prochain où le petit patronat aura disparu tout à fait.

Le patron n'est plus guère maintenant que le fondateur de l'usine, celui qui en a lancé l'idée, réuni les capitaux et qui l'administre. L'affaire est montée par actions. Qu'est-ce qui empêche dans ces conditions, que l'ouvrier soit actionnaire au même titre qu'un autre, qu'un passant, qu'un étranger?

L'actionnaire a du temps pour opérer ses versements. On lui accorde un an, deux ans. Accordez deux ans à l'ouvrier. Il paiera par des retenues mensuelles sur son salaire.

Le jour où il sera actionnaire de l'Usine, il saura qu'il travaille pour lui, que si l'Usine prospère, son petit capital en sera augmenté. Il sera le premier à surveiller les fuites, à faire tout ce qu'il faudra pour produire, aux moindres frais, une marchandise de meilleure qualité, il sera à lui-même son propre contre-maître, son propre patron.

Je pense que personne ne doute du résultat, et si on en doutait, les résultats déjà obtenus dans les Usines qui ont appliqué ce système, seraient suffisamment démonstratifs.

Avec un tel système, toutes les difficultés s'évanouissent. Les patrons ont, au prorata des actions qu'ils possèdent, un ou plusieurs délégués au Conseil d'Admistration. Ils votent le budget de l'Usine, approuvent ou discutent les comptes, au même titre que les autres actionnaires.

Prenons un exemple : Il se monte une entreprise au capital d'un million. Cent mille francs d'actions sont réservées aux ouvriers. Sur dix membres du Conseil d'Administration, ils auront droit à un membre.

Le patron, comme directeur de l'établissement, touchera des appointements, (de 20 à 30 000 francs par exemple), les ouvriers auront leur salaire. Tout le supplément qui restera, les appointements de tous et les frais généraux étant payés, sera distribué en dividendes aux actionnaires.

S'il est décidé qu'on emploiera une partie de ce supplément à l'agrandissement de l'Usine, chaque ouvrier verra son capital s'accroître d'une façon proportionnelle à ce qu'il aura versé.

Si le capital se trouve porté de la sorte à 1 100 000 francs, son action de 100 francs sera devenue de 110 et peut-être de plus. Elle deviendra une valeur de Bourse, qui pourra doubler, tripler, décupler même, selon la prospérité de l'Usine.

Je pourrais citer telle industrie, où les actions ont, en effet, décuplé.

Mais, me direz-vous, si l'Usine, au lieu de prospérer, fait des pertes, l'ouvrier devra-t-il participer à ces pertes ? Évidemment. Qui prétend aux bénéfices, accepte les risques. Mais entendons-nous, *il ne perdra pas sur son salaire, mais sur son action,* au même titre que les autres actionnaires.

Sa perte sera donc relativement très faible. Son action pourra tomber, par exemple, de 100 francs à 20 francs. Il n'en mourra pas, puisqu'il aura vécu sur son salaire.

Au contraire, dans un grand nombre de cas, cette baisse des actions aura pour effet de lui permettre d'en acquérir d'autres, et de transformer rapidement l'Usine en une Coopérative. Il achètera en somme l'outillage à vil prix.

Je suis persuadé que, dans de telles conditions, cinquante ans suffiront pour que, automatiquement, la plupart des Usines deviennent la propriété de sociétés ouvrières. J'en suis persuadé, parce que la volonté collective sera toujours plus tenace, plus patiente, que la volonté individuelle, et que toujours des volontés jeunes viendront prendre la place des volontés usées et défaillantes.

Le patron aliénera plus facilement ses actions que la masse des ouvriers. Il les aliénera pour se procurer de l'argent, pour doter ses filles, pour bâtir un château, pour renoncer au fracas des affaires et il aura toujours des acquéreurs sous la main, dont la présence lui sera une tentation perpétuelle.

Et il ne sera pas spolié, au contraire, puisque ses ouvriers lui paieront ses actions au cours de Bourse. Si une action de fondation a été établie à 100 francs, et qu'elle rapporte 25 francs évidemment cette action sera vendue 500 francs, et dans ce cas-là, le fondateur aura quintuplé sa fortune.

Il arrivera tantôt que le patron n'aura pas eu d'enfants, tantôt que ses enfants rêveront une autre carrière. Quelle chance pour lui, quel précieux avantage de pouvoir peu à peu mobiliser ses fonds, les dégager, ce qui est toujours si difficile ! L'ouvrier, au contraire, aura encore sa fortune à faire ou sera remplacé par un autre, qui aura plus d'ambition.

Et l'économie commencera pour lui le jour où il verra la possibilité de posséder. Il y aura le bas de laine ouvrier qui fera merveille comme le bas de laine paysan.

Mais ceci, me dira-t-on, ne peut s'appliquer qu'à la grande industrie ? Je réponds que le socialisme est le fils de l'Usine et qu'il n'a jamais exercé que là de sérieux ravages. Le petit patron qui n'a que trois ou quatre ouvriers, vit avec ceux-ci sur le pied de la famille. Il travaille avec eux, il les nourrit à sa table, souvent il leur compte ses affaires. L'envie, dans ces conditions, ne trouve pas où mordre. De plus, ses ouvriers savent qu'ils deviendront patrons, à leur tour, s'ils le veulent. Ils s'établiront sur la dot de leur femme, sur leurs économies ou avec de l'argent emprunté. Quelques-uns épousent même la fille du patron dont ils deviennent ainsi les associés ou les successeurs. Dans ces milieux donc, la participation aux bénéfices fonctionne en fait déjà. Nous n'avons pas à nous en occuper. C'est à eux à se grouper, à se syndiquer pour augmenter leurs moyens d'agir.

En résumé :

La propriété est un droit sacré.

Attenter contre la propriété est un crime.

Mais la propriété n'est pas un privilège de caste. Elle n'est attachée à personne par droit divin.

La propriété est aliénable par la volonté du propriétaire ; le droit du propriétaire ne survit pas à l'aliénation de la propriété.

Chez le propriétaire, c'est la propriété que nous respectons, ce n'est pas sa personne.

Ces aphorismes étaient nécessaires pour dissiper une équivoque éternelle, car le patron a une tendance à s'attribuer le commandement par droit divin et non par droit de propriété.

Le droit divin est personnel ; le droit de propriété est une loi qui tient à la nature des choses.

Nous ne connaissons pas le premier, nous nous inclinons devant le second.

Cette distinction n'a l'air de rien. Elle est pourtant considérable dans ses effets.

Elle consacre le principe de la pénétration des classes ; elle abolit l'inégalité préalable entre les hommes.

De même que ç'a été un grand et fécond principe en économie politique de substituer à l'impôt personnel, l'impôt sur les choses, de même c'en est un très grand et très important de transporter l'idée de droit des personnes aux choses ; du propriétaire à la propriété ; du concret à l'abstrait.

Toutes les revendications confuses des révolutions tiennent dans l'acceptation par tous de ce principe.

Alfred Poizat.

---

Malgré la longueur de ce chapitre, et à cause de l'importance que nous attachons à cette questions de participation au capital industriel, nous tenons à reproduire ici une lettre suggestive, qui prouvera que la participation n'est pas envisagée, par tous les patrons, comme une impossibilité ni comme un leurre.

8

X..., le septembre 1904.

Monsieur,

J'ai eu l'occasion de vous dire que j'approuvais complètement le principe de votre entreprise, « la participation aux bénéfices par l'acquisition, par l'ouvrier économe et travailleur, d'une part du capital industriel. »

Je suis un patron qui, pour ce qui me concerne, serais enchanté de me prêter à cette transformation ; mais le moyen ? si l'ouvrier, de son côté, n'est pas préparé et disposé à entrer dans cette voie !

Or, chez moi, et non seulement chez moi, mais dans toute notre région, je ne l'y vois pas disposé ni préparé.

Il faudrait pouvoir éclairer les ouvriers et les convaincre. Avec la méfiance qu'ils ont (les meilleurs mêmes) contre les patrons ; c'est bien difficile.

Il faudrait que l'initiative, la recherche de l'entente vînt de leur côté.

Si elle vient du patron, ils se méfieront et ne croiront jamais à son bon vouloir ; ils se diront toujours : « Puisque le patron nous fait des propositions, méfions-nous ; ça ne peut pas être bon pour nous. »

Alors comment faire ?

Vous m'envoyez votre journal depuis quelques mois, je ne sais si vous en envoyez d'autres à X... Voudriez-vous me le dire et à qui ?

Avez-vous trouvé dans cette région des ouvriers convertis à vos idées, assez intelligents et d'assez d'initiative pour qu'on puisse essayer de se mettre en relation avec eux et, avec eux, rechercher ce qui pourrait être fait pour aider au rapprochement des classe et pousser ensemble aux progrès de vos idées.

Ne feriez-vous pas bien, dans votre prochain numéro, d'annoncer :

« Un certain nombre de patrons vraiment désireux de trouver un terrain d'entente pour une collaboration plus intime avec le personnel qu'ils emploient, nous ont fait savoir qu'ils seraient heureux, pour cela, de se mettre en rapport avec les ouvriers éclairés de leur région, pour en rechercher les moyens.

« Nous engageons les ouvriers, individus isolés, ou syndicats, cercles ou corporations quelconques qui seraient dans les mêmes dispositions, à nous informer, et nous serons heureux de nous mettre à la disposition des unes et des autres pour les mettre en rapport et aider de tout notre pouvoir à une entente qui serait dans l'intérêt de tous. »

Dites-moi ce que vous en pensez, et si vous ne croyez pas que cet appel pourrait, en bien des cas, être entendu. C'est fait.

<h2 style="text-align:center">NOTE</h2>

« Le but du communisme et du collectivisme, a-t-on dit, est d'approprier tous les patrons au profit d'un seul et unique patron, l'*État*.

« Si cela arrivait, il n'y aurait plus de citoyens, il n'y aurait que des esclaves.

« Il faut étudier, examiner tous les moyens pratiques d'améliorer le bien-être matériel de l'ouvrier et aussi d'élever sa dignité morale. Ne pourrait-on pas essayer, (c'est ce que font les Jaunes), de propager l'idée de la *participation aux bénéfices !*

« Et pour conclure, rappelons l'exemple de Laroche-Joubert qui institua dans les usines d'Angoulême la « participation aux bénéfices » qui, aujourd'hui encore, fonctionne admirablement à la grande satisfaction des ouvriers et du patron.

« Voulant le complimenter de sa généreuse initiative, l'empereur Napoléon lui dit un jour : « Je vous félicite : vous avez fait *une bonne action*. — Mon Sire, répondit Laroche-Joubert, j'ai tout simplement fait une *bonne affaire*. » Ce n'est pas la guerre des classes qui donnera une solution satisfaisante à la crise sociale, mais bien la fraternité des classes.

## XXVII. — Caisses de prêts populaires.

*Les ouvriers ont-ils souvent besoin d'emprunter de l'argent ?*

Oui, comme beaucoup d'autres, lorsqu'ils n'ont pas assez de ressources pécuniaires, pour payer leur loyer, acheter des outils, des vêtements, des denrées alimentaires, etc.

Et ils ne veulent pas qu'on leur fasse l'aumône de cet argent qu'ils sollicitent de la part de plus riches qu'eux, car ils pourront le restituer, dans un temps plus ou moins long.

*Les ouvriers trouvent-ils des prêteurs ?*

Quelquefois, mais habituellement non ! Les banquiers ne prêtent qu'aux riches ou qu'à ceux qui leur offrent des garanties tangibles de solvabilité ; et le pauvre peuple, lui, n'a pas de crédit !

*Et les monts-de-piété, qu'en pensez-vous ?*

On a appelé les monts-de-piété « les banques de l'ouvrier » et c'est vrai. Ils ont été fondés pour combattre l'usure des juifs qui exploitaient le peuple, et on ne peut nier qu'ils rendent de grands services ; mais pour en recevoir de l'argent, il faut leur offrir des gages en nature ; et c'est une nécessité pénible et douloureuse pour l'ouvrier de se dépouiller de ses draps, de sa vaisselle, de ses habits, etc. De plus, s'il ne peut fournir ces gages, il ne peut pas recevoir d'argent, et se trouve ainsi précipité dans la misère.

*Mais il reste les bureaux de rachat des reconnaissances du mont-de-piété ?*

Sans doute, mais tout le monde sait que ce rachat se fait ordinairement au taux usuraire de 10 centimes d'intérêt à verser, par franc et par mois ; et l'ouvrier qui ne peut solder cet intérêt, se trouve bientôt dépouillé de sa reconnaissance, ainsi que des objets qu'il a laissés en gage au mont-de-piété.

*Qu'y a-t-il à faire pour que l'ouvrier trouve à emprunter sans gages ?*

Il y aurait à créer des banques populaires proprement dites ; on peut aussi créer des Sociétés mutuelles de crédit et d'épargne. Une de ces Sociétés, *La Gerbe,* fondée par des ouvriers, commence à fonctionner, à Paris, 100, rue Saint-Lazare.

*Mais quelle serait alors la garantie des prêteurs ?*

Cette garantie, ils la trouveraient dans l'honorabilité constatée de l'ouvrier, dans la gestion mutuelle, dans des « répondants » sûrs, et dans la détermination de l'emploi de l'argent prêté.

*En plus de » La Gerbe, » est-ce que les banques populaires existent ?*

Oui, sous le nom de *caisses rurales* et de *caisses ouvrières ;* et M. L. Durand, de Lyon, s'en est fait le propagateur ardent en France ; malheureusement, elles n'existent presque pas dans les villes.

*Ces caisses ont-elles prospéré et rendu des services ?*

Beaucoup, et grâce à la sagesse de leur gestion, elles n'ont éprouvé aucune perte sérieuse, et ont procuré un bien-être considérable à la classe ouvrière.

*Existe-t-il un Manuel des caisses rurales et ouvrières ?*

Oui ; il est édité, 5, rue Bayard, à Paris ; et il renseigne complètement sur le fonctionnement de ces caisses ; il faudrait qu'il fût entre toutes les mains.

*Comment réussir à fonder des caisses de prêts parmi les ouvriers ?*

Il suffit de trouver trois ou quatre personnes qui mettent, solidairement entre elles, quelques capitaux à la disposition des ouvriers dignes d'intérêt et de confiance ; et ces personnes peuvent se rencontrer partout.

*Les syndicats peuvent-ils quelque chose dans cette question de crédit ?*

Nous estimons qu'ils peuvent beaucoup, soit en formant un fonds de caisse, destiné à prêter de l'argent aux camarades syndiqués ; soit en se portant garants auprès des prêteurs. Il ne devrait pas y avoir un seul syndicat qui ne se préoccupât de cette même question ; et le jour où les ouvriers sauraient que, dans tel ou tel syndicat, on leur prêtera quelque argent, dans le cas de nécessité ; il est évident qu'ils s'affilieraient bien vite et deviendraient des syndiqués fidèles.

*On se plaint de la difficulté que rencontrent les syndicats à se constituer et à se maintenir !*

Cette difficulté ne tient-elle pas précisément à ce que les syndicats ne s'appliquent pas à offrir à leurs membres, les avantages du prêt entre autres ; et ne s'ingénient pas à se procurer, pour eux-mêmes, des ressources pécuniaires, qui proviendraient, ne fût-ce que des intérêts minimes, produits par ces prêts faits aux camarades.

*Mais tout ce que vous dites dans vos « Cahiers » constitue un monde nouveau à créer ?*

Je le sais bien ; et c'est une prétention des « Jaunes de France » d'y réussir, à force de dévouement, intelligent et inlassable, aux intérêts, si compromis et si dédaignés, de la classe ouvrière.

## XXVIII. — Les Trois-Huit.

*Les trois-huit, qu'est-ce que cela ?*

C'est ce que réclament les « Socios » à tue-tête :

    **C'est huit heures (ter).**
    **C'est huit heures qu'il nous faut !**

— Huit heures de travail,
— Huit heures de sommeil,
— Huit heures de loisir.

*Que penser d'abord des huit heures de sommeil ?*

Je pense que, en théorie, il serait désirable de voir la journée de 24 heures se diviser ainsi, en trois parts égales, quant à la durée, et spécialement affectées à des besoins déterminés, repos, travail et plaisir. Mais dans la pratique, les intéressés dérangent les combinaisons des théoriciens.

*Et pour les huit heures de travail, faut-il demander à la loi d'empêcher qu'on les dépasse ?*

La loi de dix heures vient d'être imposée dans les ateliers, et nous savons que beaucoup d'ouvriers n'en sont pas contents, parce qu'ils prétendent qu'ils ont le droit (s'ils le désirent), de travailler 11 ou 12 heures, pour gagner davantage.

*Alors la loi de huit heures ne serait pas acceptée ?*

En général (et à part certains travaux exceptionnels très durs et dangereux), je ne le crois pas. Les employeurs et les employés sérieux s'opposent à cette loi de 8 heures, et je ne pense pas qu'elle soit jamais imposée à tous les métiers et industries... Donc pourquoi la réclamer ?...

*Vous seriez donc opposé à ce que l'ouvrier ne travaillât que huit heures par jour ?*

Je ne dis pas cela ; au contraire, j'estime que 8 heures de travail manuel correspondraient aux forces physiques de l'homme et pourraient suffire; mais d'un autre côté, ces huit heures ne laisseraient-elles pas trop de loisirs à l'ouvrier?

*Les socialistes veulent précisément huit heures de loisir et de repos?*

Or, dans la plupart des métiers, quand on se porte bien, que l'on fait de bonnes nuits, que l'on a son dimanche libre, avec le temps convenable pour prendre son repas et un moment de répit avant et après, on n'éprouve pas une fatigue extraordinaire. Si l'on devait se reposer dans ces conditions, huit heures par jour, ce repos ne deviendrait-il pas une fatigue et un ennui?

*Mais si l'ouvrier trouvait, dans les huit heures de loisir, la possibilité d'un développement intellectuel, des relations sociales, etc?*

Rien de mieux, et nous serions les premiers à nous en réjouir. Mais, au fait, croyez-vous que beaucoup d'ouvriers auraient le goût de s'instruire? Si vous leur parliez d'employer à l'étude les 8 heures que l'atelier leur laisserait libres, ils vous répondraient qu'ils ne se sentent pas l'aptitude à devenir des savants et ils aimeraient mieux reprendre l'outil plutôt que le livre ou la plume.

*Mais « la politique » exige des loisirs et l'ouvrier doit s'en occuper?*

Permettez-moi de vous le dire franchement, mes chers camarades : Vous avez mieux à faire que d'employer vos loisirs à la politique.

Certes, l'ouvrier doit savoir pour qui il vote, et voter librement pour qui il veut; mais ce n'est pas là une affaire exigeant le tiers de l'existence, et l'ouvrier peut se renseigner sur les choses nécessaires et garder son indépendance, sans consacrer à la politique 8 heures de loisir par jour.

*Qu'est-ce que la plupart des ouvriers feraient de huit heures de loisir?*

Un petit nombre seulement en profiterait pour s'instruire,

et pour ceux-là, nous souhaitons qu'ils puissent disposer de ces 8 heures de loisir.

Quant aux autres, hélas ! j'ai bien peur qu'ils ne profitent de leurs loisirs que pour aller davantage au cabaret ; et le cabaret trop fréquenté est la principale cause de la démoralisation et de la misère dans la classe ouvrière.

*Que conclure ?*

Nous ne pouvons admettre qu'il soit juste de fixer, pour toutes les personnes et toutes les professions, la même durée de la journée de travail.

Si on établissait en France le minimum légal des salaires concurremment avec la journée de 8 heures, presque toutes les fabriques seraient obligées de fermer.

*Alors vous pensez que l'on peut laisser l'ouvrier à la merci des patrons, pour le temps et le salaire du travail ?*

Non, j'admettrais que l'on fixât une limite, *variable selon les professions*, à la durée de la journée de travail, et c'est ce que l'on vient d'essayer de faire par la loi de 10 heures. Je voudrais aussi que l'on prît des mesures pour empêcher l'avilissement du prix de la main-d'œuvre dans tous les métiers.

Mais je crois précisément que la fameuse théorie socialiste des 8 heures, si elle était jamais appliquée, empêcherait les neuf dixièmes des ouvriers de trouver du travail et, par conséquent, du pain...

Les trois-huit socialistes, c'est donc de la blague !!!

## XXIX. — Syndicats agricoles de propriétaires et d'ouvriers.

*Le régime de l'association professionnelle peut-il s'appliquer à la classe des travailleurs des champs, la plus nombreuse ?*

Oui, et les syndicats agricoles se sont développés en France, beaucoup plus que les syndicats ouvriers, puisqu'on compte

2 400 associations de ce genre, existant actuellement avec 600 000 agriculteurs syndiqués, presque tous chefs de famille.

*Mais ces syndicats groupent surtout les bourgeois des campagnes et les grands propriétaires ?*

Dans le début peut-être, mais c'est aujourd'hui un fait fréquent de rencontrer dans une commune rurale, un syndicat d'une centaine de membres peu fortunés qui se sont groupés dans le but d'un achat en commun de machines, de grains, etc.

*Quels peuvent être les avantages de l'association professionnelle dans les campagnes ?*

Nous ne saurions les énumérer tous : c'est dans la salle du syndicat communal que chacun de nos travailleurs ruraux devra venir s'instruire des améliorations sociales et matérielles auxquelles il peut prétendre.

*Quelles sont ces améliorations ?*

Achats en commun ; vente de produits agricoles ; offices de placement ; conférences et cours professionnels ; sociétés coopératives ; caisses de prêts ; œuvres d'assistance et de prévoyance, etc., etc.

*Sur qui repose l'avenir des syndicats agricoles ?*

Sur l'immense foule d'agriculteurs français, petits fermiers, vignerons et métayers que l'on peut appeler prolétariat rural.

*Mais alors vous préconisez pour les campagnes les syndicats mixtes de petits propriétaires et d'ouvriers ?*

Oui, car si la forme du syndicat mixte est rarement praticable dans l'industrie, elle reste assurément la forme à préconiser dans l'agriculture où la différence des classes est souvent difficile à établir, et en tous cas peu avantageuse à marquer. Toutefois, comme nous allons le dire, nous souhaitons aussi la constitution de syndicats purement ouvriers agricoles, là où c'est possible.

*Le syndicat agricole, peu utile aux grands propriétaires, est-il indispensable aux petits?*

Oui, le syndicat, avec la société coopérative d'achat, de production ou de vente et la caisse de crédit rural, qui en sont les compléments nécessaires ; le syndicat, disons-nous, permet seul aux petits propriétaires agricoles de se défendre sérieusement contre l'absorption par les gros...

*Pourquoi prônez-vous tant les syndicats agricoles?*

Parce que, outre les avantages qu'ils produisent et que nous venons d'énumérer, les syndicats agricoles sont une institution de paix sociale et un moyen d'union entre les citoyens, en même temps qu'une sauvegarde et le salut pour la petite propriété rurale et une raison déterminante de maintenir le paysan à la campagne.

*Mais les ouvriers agricoles doivent-ils, eux aussi, se syndiquer à part?*

Pourquoi pas ? Puisque les propriétaires, les fermiers se syndiquent bien pour sauvegarder leurs intérêts et former ensemble des coopératives de production, d'achats, ventes, et pour arrêter d'un commun accord, les conditions du travail et de salaire de leurs ouvriers.

*Y a-t-il avantage pour les ouvriers agricoles de s'unir?*

Sans aucun doute, car comme les ouvriers de l'usine, de l'atelier, ils ont à se défendre contre les exigences, souvent exagérées, de ceux qui les emploient, à se solidariser au sujet du travail et du salaire qui leur est justement dû ; et ils n'ont qu'à former entre eux des associations de secours mutuels et autres...

*Existe-t-il déjà des syndicats d'ouvriers agricoles?*

Oui, dans le Midi surtout, mais malheureusement ils sont inféodés aux Bourses rouges des socialistes, et se sont laissés pousser aux grèves déraisonnables et désastreuses,

*Qu'opposer à l'agitation socialiste dans les campagnes?*

Tout simplement l'organisation des « Jaunes » parmi les ouvriers agricoles ; et tous les vrais amis du peuple doivent se hâter d'encourager et d'aider les travailleurs des champs à se grouper, sous la bannière des chefs éclairés et antirévolutionnaires qui ne demandent qu'à améliorer leur sort, en s'entendant sans violences avec les syndicats des propriétaires ou des fermiers.

*N'est-il pas plus difficile de syndiquer les ouvriers des champs?*

Oui, parce qu'ils sont moins nombreux dans les villages et plus éloignés les uns des autres; toutefois, si l'on veut s'y mettre, il sera possible de grouper les ouvriers d'un même canton ou d'un même arrondissement.

*Qui doit s'occuper de cette organisation?*

1° Tous ceux qui veulent le bien au peuple, et sont plus dévoués, en actes qu'en paroles, à ses intérêts matériels et moraux.

2° Les ouvriers eux-mêmes, et il y en a, dans nos campagnes d'assez intelligents et d'assez débrouillards, pour créer des corporations de travailleurs des champs.

3° Au « Jaune » de Paris, l'on se met à la disposition de tous les camarades agricoles, pour les aider, les soutenir et les diriger au besoin.

*Les syndicats d'ouvriers doivent-ils être distincts des syndicats de propriétaires, de cultivateurs, de fermiers?*

Ordinairement, à la campagne, les syndicats sont mixtes, composés de maîtres et d'ouvriers, er peut-être, en certains endroits, est-ce là le seul procédé pratique. Toutefois, nous estimons qu'il serait bon que là où cela se peut, les syndicats d'ouvriers soient distincts des syndicats de propriétaires ou de fermiers, dont les intérêts ne sont pas les mêmes.

*Dans les syndicats d'ouvriers agricoles, serait-il sage d'admettre les femmes ?*

Oui, car aux champs, le nombre des servantes et des femmes employées à la ferme est parfois aussi considérable que celui des hommes.

*Ces syndicats d'ouvriers et d'ouvrières agricoles ne seraient-ils pas vus d'un mauvais œil par les patrons ?*

Peut-être bien, mais ce n'est pas une raison pour ne pas constituer, et si ces syndicats acceptent le programme des « Jaunes » ils seront forts, parce qu'ils ne revendiqueront rien que de juste !

## XXX. — Syndicats de la classe moyenne.

*Qu'entendez-vous par classe moyenne ?*

J'entends les individus qui vivent de l'industrie, de l'agriculture, du commerce, des carrières libérales et enfin les petits rentiers et d'autres encore.

*Comment cette classe moyenne des petits métiers pourra-t-elle se défendre contre la concurrence de la grande industrie et des grands magasins ?*

C'est par l'union, par l'association professionnelle, par les syndicats. Ces syndicats organiseraient des cours d'enseignement professionnel et effectueraient les achats en commun des matières premières, en vue d'obtenir des prix plus avantageux.

*Mais ce n'est pas le tout de fabriquer des produits, il faut les vendre ?*

Évidemment ; et les syndicats du petit commerce devraient créer, entre commerçants, des sociétés coopératives de production et de vente.

*Pourriez-vous nous donner un exemple?*

Oui, celui entre autres des ébénistes de Munich ; ils ont constitué une société dont le but est ainsi formulé :

1° Achat en commun de matières premières ; 2° Entreprise des travaux commandés et leur répartition entre les membres de la société ; 3° Ouverture d'un magasin de vente commun.

*Pourriez-vous nous donner d'autres exemples?*

Sur la rive gauche du Rhin, les bouchers qui s'adressaient jusqu'à présent à des intermédiaires pour la vente de leurs sous-produits, tels que peaux, cornes, etc., se sont groupés entre eux pour la vente directe à l'industrie et ont réalisé de ce fait un bénéfice de 60 o/o.

*Qu'est-ce que cela prouve?*

Si les salariés de la grande industrie ont compris que l'individu isolé ne comptait plus pour rien dans la société actuelle, pourquoi les moyens exploitants ne s'associeraient-ils pas à leur tour, puisque la seule arme, dans les conditions sociales actuelles, c'est l'association ?

*Dès lors le syndicat s'impose à vous ?*

Oui, et nous voudrions faire comprendre que dans la société moderne il n'y a plus de place pour l'homme seul, ni pour l'individualisme égoïste. Si vous ne vous unissez pas et ne vous secourez pas les uns les autres, ne vous attendez pas à être épargnés par la grande broyeuse qu'est la civilisation moderne sous le nom de *progrès,* avec tout son cortège d'inventions, de réformations et de révolutions.

*Comment expliquer qu'en France le petit commerce, qui se plaint tant des grands magasins, ne s'est pas associé en syndicats et coopératives?*

Cela tient, pensons-nous, non pas à l'ignorance des avantages de ces syndicats, mais à la défiance que les petits commerçants entretiennent les uns envers les autres, et au défaut d'entente qui suppose un dévouement réciproque qui n'existe pas.

*Ne peut-on pas espérer qu'un jour viendra où la classe moyenne s'entendra et se syndiquera ?*

Oui, et le « *Jaune* » est disposé à s'employer à ce résultat par des articles et par des conférences, et aussi par des renseignements pratiques et enfin par la création d'une fédération du petit commerce.

## XXXI. — Bourse libre du Travail.

*Q'entendez-vous par les Bourses du travail ?*

Ce sont des maisons du Peuple, si vous voulez, où les syndicats d'une ville possèdent des locaux, plus ou moins vastes, pour les réunions de leurs comités respectifs pour les bureaux de placement, pour les conférences ouvrières, etc.

*Ces Bourses sont-elles indispensables ?*

Oui, lorsque le nombre des syndicats augmente dans une ville et lorsqu'on veut les fédérer.

*Existe-t-il beaucoup de Bourses du travail en France ?*

Oui, et l'on peut dire que la plupart des grandes villes en possèdent une, qui reçoit des subventions pécuniaires du gouvernement, du département, de la municipalité soit pour payer le local, soit pour en rétribuer les ouvriers qui les dirigent et les habitent en permanence.

*Ces bourses du travail sont-elles ouvertes à tous les syndicats ouvriers ?*

Cela devrait être, mais partout les syndicats rouges occupent seuls les Bourses subventionnées, et ils ont réussi à en fermer la porte aux ouvriers et aux syndicats jaunes et indépendants.

*Que pensez-vous des subventions accordées aux Bourses du travail?*

Je pense que ces subventions sont intéressées de la part du gouvernement qui, dans un but électoral, réussit par là à acheter les voix des ouvriers lesquels deviennent ainsi ses obligés.

Je pense de plus que cet argent ne sert qu'à engraisser les meneurs de la Sociale, et à faire des Bourses du travail, non pas des maisons du peuple, mais uniquement des comités révolutionnaires.

*Il y a donc nécessité pour les Jaunes d'ouvrir de leur côté des Bourses indépendantes?*

Oui, et déjà ces Bourses existent en plusieurs villes; mais il faut les multiplier et les rendre utiles à la masse ouvrière.

*Qui fournira l'argent pour fonder des Bourses libres?*

C'est là la difficulté et les Jaunes sont loin d'être riches autant que les Rouges. Toutefois, les amis du peuple sont assez nombreux en France pour nous fournir peu à peu les moyens de fonder des Bourses indépendantes; et si le mouvement des Jaunes continue à se développer, comme nous l'espérons, bientôt nous pourrons opposer partout nos syndicats et nos Bourses aux syndicats et aux Bourses où l'on ne trouve que des révolutionnaires et des anticléricaux professionnels.

*En attendant la création des Bourses indépendantes, que doivent faire les syndicats jaunes?*

Ils doivent se fortifier, augmenter le nombre de leurs adhérents, se réunir dans les locaux privés, fonder et créer des œuvres d'assistance mutuelle, payer exactement leurs cotisations, et faire appel à tous les bons Français pour se créer des ressources pécuniaires.

*Mais tout cela est bien difficile ?*

Sans nul doute, et il faudra du temps pour constituer solidement le parti ouvrier des Jaunes de France ; toutefois, comme c'est une question de vie ou de mort pour les ouvriers, nous estimons que tous mettront la main à l'œuvre et finiront par se soustraire à la tyrannie des socialistes.

## XXXII. — Accidents de travail.

*Les accidents sont-ils fréquents parmi les ouvriers ?*

Cela dépend et du métier qu'ils exercent et du défaut de précautions dont les patrons et les ouvriers eux-mêmes devraient s'entourer.

*A quoi sont obligés, par la loi, les patrons en cas d'accident survenu dans leurs manufactures, usines, ateliers de tout genre, et leurs dépendances ?*

Ils sont tenus de faire une déclaration des accidents au maire de la commune, dans les quarante-huit heures, et d'y joindre un certificat de médecin mentionnant l'état du blessé et les suites probables de l'accident.

*A quoi donnent droit aux ouvriers les accidents du travail ?*

A une indemnité, à la charge du patron, à la condition que l'incapacité de travail ait duré plus de quatre jours.

*Quelle sera cette indemnité ?*

Cela dépend : 1° Si l'accident rend l'ouvrier incapable de tout travail, le patron doit lui faire une rente des deux tiers de son salaire annuel ;

2° En cas d'incapacité partielle, une rente égale à la moitié de la réduction que l'accident a fait subir à son salaire ;

3° Si l'incapacité temporaire dure plus de quatre jours, l'ouvrier a droit à une indemnité temporaire de la moitié de son salaire.

*Mais, si l'accident entraîne la mort de l'ouvrier, que revient-il aux enfants, au conjoint et aux parents ?*

Une pension de 20 o/o du salaire est servi au conjoitnt ; de 15 o/o à l'unique enfant, etc., et de 20 o/o au père et à la mère de l'ouvrier.

*Qui doit supporter les frais médicaux, pharmaceutiques et le frais funéraires ?*

C'est le chef d'entreprise, à moins qu'il n'ait affilié ses ouvriers à une société de secours mutuels.

*Mais, s'il y a des contestations entre les victimes des accidents et les chefs d'entreprise?*

Ce sera le juge de paix qui, en dernier ressort, jugera ces contestations relatives aux frais funéraires, aux frais de maladie et aux indemnités temporaires, etc.

*Pourriez-vous indiquer brièvement les premiers secours qu'on doit porter en cas d'accident ?*

Bien volontiers, d'autant plus qu'on n'a pas toujours immédiatement un médecin sous la main.

### *Secours en cas d'asphyxie.*

Transporter le malade en plein air, lui projeter avec force de l'eau froide sur la figure et rapidement sur tout le corps, après l'avoir déshabillé, et lui faire respirer de l'amoniaque. Par des tractions rythmées de la langue, en élevant et abaissant successivement les bras et en le frictionnant longtemps sur toute la surface du corps, on peut rétablir la respiration.

Au premier signe de vie donné par le malade, on le place dans un lit chaud, on lui fait avaler quelques cuillerées d'eau mêlée avec de l'eau-de-vie ou du rhum et on a soin d'aérer convenablement la chambre où il repose.

*Premiers soins en cas de fracture.*

On se préoccupe d'obtenir l'immobilité et on enveloppe immédiatement de lattes et de linges les membres fracturés, avant l'arrivée du médecin.

*En cas de brûlure, de plaies et d'hémorragie.*

Laver la plaie dans un bain d'eau bouillie à peine tiède, et la recouvrir de compresses imbibées d'acide picrique et parfaitement propres. En cas d'hémorragie, il faut comprimer la plaie ou au-dessus ou au-dessous pour arrêter le sang.

*En cas d'empoisonnement.*

D'une manière générale, il faut faire vomir le malade avec de l'ipéca ou de l'antimoine. A défaut de ces remèdes, il suffit de lui chatouiller la luette ou de lui faire boire du lait en abondance, sauf dans le cas d'empoisonnement par le phosphore.

Un purgatif ou des lavements seraient bons aussi, en attendant le médecin.

*En cas d'apoplexie.*

Porter le malade au grand air, le coucher en lui tenant la tête levée avec des compresses d'eau froide sur le front ; lui frictionner les membres inférieurs avec force ; appliquer aux pieds et au dos des bouillottes ou des briques chaudes et promener des sinapismes aux faces internes des cuisses.

## XXXIII. — A bas les Rouges !

*Quel est ce cri de guerre ?*

C'est celui que pousse aujourd'hui la classe ouvrière de France et qui, espérons-le, réduira bientôt à néant les associations et syndicats socialistes et collectivistes.

*Qu'entendez-vous par les Rouges ?*

J'entends non pas tous les ouvriers embrigadés dans les syndicats socialistes, parce que beaucoup de ces ouvriers sont bons et pacifiques ; mais je veux désigner surtout les chefs de ces syndicats qui pérorent et gouvernent dans les Bourses du travail.

*Que reprochez-vous à ces chefs ?*

Je leur reproche d'exciter la haine et la révolte dans les rangs de la classe ouvrière ; je leur reproche de pousser à la grève à outrance, au grand détiment des ouvriers ; je leur reproche d'être payés par l'étranger, par les juifs et autres ennemis de la France, pour détruire l'industrie nationale ; je leur reproche enfin d'être presque tous des ambitieux qui excitent les appétits des ouvriers, pour mieux les dominer et les amadouer, pour s'en faire des électeurs.

*Les Rouges sont donc, selon vous, les ennemis de la classe ouvrière ?*

Nous n'hésitons pas à l'affirmer ; sans doute, les Rouges ont l'air de vouloir le bien des ouvriers, mais au fond ils se moquent des souffrances de leurs camarades, dont ils vivent grassement ; et en tout cas, les remèdes qu'ils préconisent sont pires que le mal.

*D'où vient que les ouvriers se sont laissés embrigader et diriger par les Rouges ?*

Cela vient de la crédulité naïve des ouvriers qui ont été « roulé » (c'est le mot) par les socialistes.

*Mais les Rouges n'ont-ils pas rendu quelques services aux ouvriers ?*

Je sais qu'ils ont fait perdre leur travail à beaucoup ; qu'ils ont forcé des industriels à fermer leurs usines ; qu'ils ont distribué quelques secours en temps de grève, etc. Quant à l'amélioration du sort de l'ouvrier, peut-on dire que les Rouges y aient sérieusement concouru !

*Y a-t-il beaucoup d'ouvriers français qui se soient laissés entraîner dans les syndicats socialistes ?*

Non, heureusement, et chaque jour le nombre des syndiqués rouges diminue, parce que les ouvriers ont fini par y voir clair et s'apercevoir que le parti socialiste en France était devenu l'esclave des politiciens, des juifs et des francs-maçons et qu'il se servait beaucoup plus des ouvriers qu'il ne les servait.

*Qui a créé le mouvement des Jaunes ?*

C'est précisément la résolution, prise par les ouvriers sérieux, de se soustraire à la tyrannie des rouges ; et les Jaunes sont devenus ainsi l'espoir du pays.

*Avec les Rouges que pouvons-nous attendre ?*

Nous ne pouvons attendre, hélas ! que la révolution sociale qui, sous prétexte d'étrangler les patrons, deviendrait une source de misère pour les ouvriers.

*Comment les Jaunes sauveront-ils la France ?*

En attirant dans leurs syndicats le plus grand nombre des ouvriers, (ce qu'ils sont en train de faire), et en s'appliquant à procurer à leurs camarades d'atelier, de l'usine ou des champs, le bien-être auquel ils ont droit, et cela par l'entente de justice et de solidarité avec le patronat, et le soutien mutuel qu'ils se donneront entre eux.

*Vous croyez alors que la classe ouvrière en France finira par envoyer les Rouges se faire pendre ailleurs ?*

Oui, nous le croyons, parce que nous savons que la majorité des ouvriers, nos chers camarades, sont assez intelligents, assez honnêtes, assez patriotes, pour se soustraire enfin à la direction des Rouges qui sont la lie du peuple et la honte de notre beau pays de France.

*Mais les Jaunes, ça ne compte pas ?*

Regardez autour de vous, il y en a déjà partout, et je vous promets qu'avant longtemps les Jaunes seront les maîtres de la situation et personne ne s'en plaindra.

*Alors il faut crier non pas seulement : A bas les Rouges ! mais aussi : Vive les Jaunes !*

Oui, criez bien haut : Vive les Jaunes ! car l'avenir est à eux.

## XXXIV. — Contrat collectif de travail.

*Qu'entendez-vous par le contrat collectif ?*

J'entends l'entente établie entre les patrons et les ouvriers groupés en syndicats, concernant les heures du travail, la discipline intérieure de l'usine ou de l'atelier, la fixation des salaires, la participation aux bénéfices ou à la propriété en actions.

*Ce contrat collectif devrait-il avoir lieu partout ?*

C'est à désirer grandement, parce que les patrons et les ouvriers, s'étant entendus ensemble et tenant leurs engagements réciproques, — il n'y aurait plus de matières à discordes, plus de raisons de grèves et ce serait la paix dans le monde du travail avec les intérêts des ouvriers et des patrons également sauvegardés.

*Mais si les droits des ouvriers sont menacés ou compromis ?*

Dans ce cas, les ouvriers s'appuieront sur les clauses du contrat collectif, et, pour faire triompher leurs légitimes revendications, agiront, non plus en ordre dispersé au plutôt en désordre, mais avec toute la puissance et toute l'efficacité du bloc.

*Mais ce contrat, liant les ouvriers, ne les empêchera-t-il pas, à un moment donné, d'améliorer leur condition ?*

Non, car le contrat collectif est un contrat à terme, toujours modifiable, par l'accord des parties contractantes.

*Que faut-il pour que les contrats collectifs de travail produisent toute leur utilité ?*

Il importe tout d'abord que les travailleurs commencent par se constituer en syndicats.

*Pourquoi ?*

Parce que les syndicats, si effectifs, renforcés, confieront le soin d'élaborer les contrats collectifs à des représentants ouvriers choisis, sûrs, intelligents, bien au courant des intérêts réciproques des chefs d'industrie et de leurs employés, déterminés à ne pas se laisser jouer et prêts à employer toute leur énergie pour défendre les intérêts de leurs commettants.

*Mais si ces mandataires, par un zèle intempestif, venaient à sacrifier inconsidérément les intérêts légitimes des patrons ?*

Les ouvriers, partisans du contrat collectif, devraient veiller à ce que cet excès de zèle pour leurs intérêts fût réprimé.

*N'est-ce pas parce que les patrons redoutent les exigences des contrats collectifs, qu'ils combattent les syndicats qui les demandent ?*

Peut-être ; mais sûrement les patrons finiront par admettre les syndicats jaunes qui sont résolus à ne demander que des choses justes et légitimes.

*Mais qui doit réaliser ces contrats collectifs de travail ?*

Ce sont les ouvriers travaillant à l'atelier d'une part et les délégués patronaux de l'autre. Les secrétaires, présidents fonctionnaires des syndicats et unions de métiers ne sont pas, à notre avis, qualifiés pour intervenir dans ces sortes de contrats.

*Et si les patrons ne veulent pas accepter de contrat collectif, parce qu'ils ont plus d'intérêt à s'entendre individuellement avec chaque ouvrier et à régler seuls les questions de salaire, d'heures du travail, etc...*

Dans ce cas, qui est le plus fréquent, les ouvriers syndiqués s'appliqueront à faire comprendre à leurs patrons qu'il y a profit et avantage pour eux, à passer un contrat collectif, et au besoin, ils le leur imposeront en refusant de travailler.

*Et si ce sont les ouvriers qui préfèrent s'embaucher à leur guise en acceptant les conditions du patron, et ne veulent pas se syndiquer ?*

Il faudra plaindre les camarades qui méconnaissent ainsi leurs intérêts et tâcher de les gagner au syndicat en leur démontrant qu'il y a avantage pour tout le monde, à passer avec les patrons un contrat collectif.

## XXXV. — Reproches adressés aux syndicats.

*Les syndicats ouvriers sont-ils vus d'un bon œil par tout le monde ?*

Non, et même il y en a qui déplorent le vote de la loi autorisant la création de syndicats, et voudraient que cette loi fût détruite.

*D'où provient cette hostilité à l'égard des syndicats ?*

De ce que trop souvent les syndicats sont mal dirigés et entraînent les ouvriers au désordre.

*Mais les syndicats sont-ils nécessairement des instruments de désordre ?*

Pas du tout ; et l'on peut concevoir, au contraire, des syndicats qui seront des instruments de bonne harmonie et de bien-être pour le patron et pour les ouvriers ; ce seront les syndicats jaunes.

*Qui fait des reproches aux syndicats ?*

Ce sont surtout les patrons, mais ce sont aussi les ouvriers.

*De quoi se plaignent les patrons ?*

De ce que les syndicats montent la tête aux ouvriers et

les portent à cesser le travail et à réclamer certaines choses injustes et qu'ils ne peuvent accorder.

*Est-ce pour cela que les patrons ne favorisent pas les syndicats ouvriers, et même se montrent hostiles aux syndiqués ?*

En partie croyons-nous ; quoiqu'il soit certain que les patrons s'opposent même aux syndicats jaunes dont les revendications sont justes et raisonnables.

*Ont-ils raison ?*

Évidemment non, si ces syndicats ne sont pas ennemis des patrons, ne veulent leur porter aucun préjudice et ne demandent que ce qui leur est dû !

*Les syndicats qui poussent à la grève parce qu'un de leurs membres aura été justement renvoyé, doivent-ils être blâmés ?*

Sûrement, et l'on ne saurait trop condamner une pareille conduite qui méconnaît la liberté d'agir des patrons.

*Et les ouvriers, que reprochent-ils aux syndicats ?*

Beaucoup de choses qui les empêchent de s'y affilier ou qui les en font sortir.

*Quelles sont ces choses ?*

D'abord, les ouvriers reprochent aux syndicats d'avoir à leur tête des chefs malhonnêtes, des trésoriers qui souvent dilapident leur caisse, ou d'autres qui se vendent au patrons et prennent les intérêts de ces derniers plutôt que ceux de leurs camarades.

*Est ce tout ?*

Non, les ouvriers reprochent souvent aux syndicats d'être des comités électoraux accaparés par les politiciens ou bien des mangeurs de Curés et de bonnes Sœurs, plutôt que des défenseurs du peuple.

*Y a-t-il une raison particulière qui empêche les ouvriers de se syndiquer ?*

Oui, et cette raison nous était donnée un jour par un brave ouvrier qui nous disait : « Je ne veux pas faire partie d'un syndicat qui se servirait de ma cotisation pour fomenter la grève et pour nourrir les grévistes, alors même que cette grève serait injuste et bête. »

*Par ailleurs, d'autres disent « A quoi bon être syndiqué ? »*

Dans la plupart des syndicats, les cotisations ne sont pas versées et, faute d'argent, aucun secours n'est accordé aux syndiqués dans le besoin ; de plus, rarement les syndicats réussissent à améliorer la situation des ouvriers, et souvent ils compromettent leurs intérêts, etc... Donc, nous ne voulons pas nous syndiquer.

*Ces reproches faits aux syndicats sont-ils justes, et mériteront-ils toujours qu'on les leur fasse ?*

Oui, ces reproches ont pu être justement adressés aux syndicats rouges, mais nous espérons bien que nos syndicats jaunes, (adhérant tous à notre programme et bien dirigés par des chefs consciencieux et dévoués)... ne mériteront pas ces reproches et rendront les syndicats sympathiques aux patrons et aux ouvriers.

## XXXVI. — Hygiène et bonne tenue.

*Qu'entendez-vous par hygiène ?*

C'est le moyen de se défendre contre les contagions et un des agents les plus importants de la santé.

*Que réclame l'hygiène dans les ménages ouvriers ?*

La prohibition de l'usage de l'eau de puits ; qu'on la fasse bouillir, en cas d'épidémie, ayant soin toutefois de l'aérer en l'agitant avant de la boire.

*Quant au linge et vêtements, que faire ?*

Il faut les désinfecter et les immerger dans l'eau bouillante après une maladie plus ou moins contagieuse.

*Et pour les appartements ?*

Avoir soin de les aérer fréquemment en ouvrant les fenêtres la nuit et dans la journée, les tenir très propres, les laver souvent et prendre garde au dégagement excessif du carbone provenant de la respiration, des fourneaux et poëles.

*Pour les soins du corps ?*

Prendre fréquemment des bains ou du moins s'éponger souvent à l'eau froide ou tiède le corps entier ; ne porter que du linge et des vêtements propres, ne pas porter trop longtemps ses habits de travail, surtout s'ils sont sales.

*Qu'est-ce que la bonne tenue chez l'ouvrier ?*

C'est le respect de sa personne, qui défend le débraillé, le sordide dans ses vêtements, — qui lui interdit de se servir de mots grossiers, orduriers, — qui l'empêche de crier, de parler à tue-tête !

*Entre camarades d'atelier que doit-on s'interdire ?*

Une familiarité triviale qui porte à se moquer, à tourner en ridicule et à manquer de respect à l'égard des autres ; ou bien, s'il s'agit de femmes et de jeunes filles, un langage et des manières inconvenantes : tout cela est indigne d'un ouvrier français.

## XXXVII. — Syndicats de domestiques.

*Qu'entendez-vous par domestiques ?*

J'entend les cuisiniers et les cuisinières, les cochers, les valets et les femmes de chambre, les gouvernantes, etc..., en un mot tous ceux qu'on appelle « gens de maison. »

*Voudriez-vous que les domestiques se syndiquent eux aussi?*

Oui, quoique je sache que le domestique n'a pas l'esprit syndical et que la profession nombreuse à laquelle il appartient s'est toujours tenue en dehors des grandes actions corporatives.

*Mais pourquoi le domestique est-il réfractaire, par caractère et par état, au groupement ?*

C'est parce qu'il ne comprend pas les avantages que ce groupement lui procurerait, et parce que jusqu'ici on ne lui a pas dit assez : « Syndiquez-vous, réunissez-vous ! »

*Quels sont donc les avantages du syndicat pour les « gens de maison ? »*

D'abord le syndicat constituerait un bureau de placement, où viendraient chercher des domestiques, les maîtres, qui souvent, sont très embarrassés pour en trouver.

*Est-ce tout ?*

Non, car le syndicat des gens de maison pourrait ouvrir des sortes d'écoles ménagères où le service serait enseigné et où se formeraient servantes et serviteurs à leurs fonctions.

*Au point du vue moral, quelle serait l'action des syndicats des domestiques?*

Cette action serait de rappeler aux gens de maison, qu'il ne leur suffit pas d'être bien instruits dans leur métier, mais qu'ils doivent encore et surtout : être honnêtes et ne pas faire danser l'anse du panier, — être sobres, laborieux et dociles et vouloir plutôt obéir que vouloir commander; en un mot, être tels que les maîtres le désirent; et les syndicats obtiendraient ce résultat en ne consentant à placer que les domestiques sur la moralité desquels il n'y aurait rien à dire.

*Très bien, mais les syndicats de domestiques prendraient-ils en mains leurs intérêts ?*

Évidemment, si ce sont des syndicats jaunes, comme nous le souhaitons ! Ces syndicats créeraient une Société de secours mutuels, entre domestiques — pour les aider en cas de maladie ou de chômage et ouvriraient au besoin des maisons pour les abriter en attendant qu'ils trouvent à se placer.

*Et par rapport aux griefs des domestiques contre les maîtres, que ferait le syndicat ?*

Il les examinerait sérieusement, et ils ferait en sorte que lorsque les maîtres viendraient lui demander des domestiques, ils s'engagent, (par écrit), à accepter les conditions légitimes des domestiques.

*Quels sont les griefs des domestiques contre les maîtres ?*

Les domestiques voudraient que leur maîtres aient plus de confiance en eux et ne les maltraitent pas, par des paroles blessantes et injurieuses.

Ils voudraient qu'on leur donnât plus de liberté au point de vue religieux, et qu'on leur permît d'avoir des enfants.

*Et au point de vue du salaire et du travail, le syndicat offrirait-il les revendications des domestiques ?*

Évidemment, et il pourrait obtenir des maîtres qu'ils ne fassent pas coucher leurs domestiques à minuit pour se lever à 5 heures, ou encore qu'ils n'imposent pas à leur cuisinière de cirer les parquets, de faire des robes, de laver le linge, etc...

Quant au salaire, le syndicat tâcherait qu'il soit plus élevé, en tenant compte, bien entendu, des contrées et du travail imposé.

*Quant à la condition hygiénique des domestiques, qu'y aurait-il à faire ?*

Il y aurait à exiger qu'on ne logeât pas les domestiques dans les galetas du sixième étage, où en été ils étouffent et en hiver ils grelottent ; il faudrait aussi tenir à ce que la nourriture des serviteurs soit saine et suffisamment abondante.

*Le syndicat pourrait-il aussi défendre les domestiques au sujet de la moralité ?*

Oui, en n'en plaçant aucun dans des maisons où règne le vice et où la vertu des servantes surtout serait compromise ; ou bien en prévenant les maîtres qu'ils aient à veiller sur leur personnel, s'ils désirent qu'on ne les mettent pas en quarantaine ou qu'on ne les attaque pas.

*Et vous croyez que les syndicats pourraient obtenir tout cela ?*

Pourquoi pas ? En groupant les domestiques et en les plaçant, les syndicats sont plus forts que chaque individu, pour poser des conditions et exiger qu'elles soient respectées. Combien de domestiques ont à souffrir, sans pouvoir se défendre parce qu'ils sont isolés : qu'ils s'unissent et se syndiquent et leur sort deviendra plus supportable !

*Les syndicats pourraient-ils diminuer le nombre toujours grossissant des gens de maison ?*

Oui, d'une certaine façon, en ne plaçant pas les indignes ou les incapables, et en les renvoyant au travail des champs que beaucoup n'auraient pas dû quitter.

*Mais comment réussir à grouper les domestiques en syndicat ?*

En se dévouant à cette œuvre, en faisant des circulaires, en voyant en particulier les domestiques d'une ville, d'un quartier, en les invitant à des réunions ou conférences dans lesquelles on leur démontrerait les avantages du syndicat.

*Les Jaunes espèrent-ils obtenir ce résultat ?*

Oui, et ils ont déjà commencé ! Avec du temps, ils ont la prétention d'arriver à faire des gens de maison, une vraie famille où l'on s'entr'aide et se soutienne, au lieu de se nuire et se jalouser.

# XXXVIII. — La Caisse d'Épargne postale.

Pour aider à former les habitudes d'épargne dans toutes les classes de la population, surtout dans les classes laborieuses, il s'agit non pas de caisses d'épargne ordinaires, mais de la caisse d'épargne postale. Les lignes qui suivent feront saisir la différence.

*Qu'entend-on par la Caisse d'épargne postale? Quel est le service que prétend rendre l'État aux citoyens par cette institution?*

La Caisse d'épargne, dite caisse d'épargne postale, est une caisse d'épargne de l'État. Elle est instituée avec la garantie de l'État, et elle est placée sous l'autorité du ministre du commerce et des postes.

La Caisse d'épargne postale est l'œuvre de l'État, et c'est l'administration des postes qui représente l'État dans ses rapports avec les déposants. Tous les bureaux de poste français de plein exercice sont appelés à participer au service d'épargne postale offert par l'État aux citoyens. Il y a ainsi en France autant de caisses d'épargne qu'il y a de bureaux de poste.

Moyennant un livret de la caisse d'épargne postale, tout déposant peut opérer et continuer ses versements et ses retraits, en l'un quelconque des bureaux de poste français dûment organisés en agence de cette caisse.

*Comment s'opèrent les versements à la Caisse d'épargne postale*

L'administration des postes ouvre un compte à toute personne par laquelle ou au nom de laquelle, des fonds sont versés à titre d'épargne dans un bureau de poste. Elle délivre gratuitement le livret sur lequel sont inscrits les versements, les retraits de fonds et les intérêts acquis.

Tout déposant qui fait pour la première fois un versement à la Caisse d'épargne postale doit former en même remps une demande de livret. Le livret obtenu, tout versement ultérieur est reçu sur la simple présentation du dit livret.

Tout versement ne peut être inférieur à un franc. Pour faciliter et stimuler l'épargne, l'administration a créé des bulletins dits bulletins d'épargne, sur lesquels les plus minimes économies sont consolidées en timbres-poste, et qui sont acceptés comme numéraire dès qu'ils sont pourvus de timbres pour la valeur d'un franc.

En ce qui concerne les dépôts faits par les mineurs et les femmes mariées, ainsi que sur beaucoup d'autres points, les dispositions de la loi sont communes aux caisses d'épargne ordinaires et à la caisse d'épargne postale de l'État.

En cas de perte d'un livret, un duplicata est délivré dans le délai d'un mois au déposant, et sans frais.

*Comment sont gérés et garantis les fonds confiés à la Caisse d'épargne postale?*

Les fonds de la caisse d'épargne postale sont versés à la Caisse des dépôts et consignations, ils y produisent un intérêt que celle-ci sert à celle-là, et dont le taux est établi par l'administration supérieure et ne peut varier que par son intervention, dans les règles établies par la loi.

La caisse nationale d'épargne postale se charge de conserver gratuitement les inscriptions de rente achetées en leur nom par ceux des déposants qui en font la demande. La garde de ces inscriptions est confiée à la Caisse des dépôts et consignations.

*Dans quelles conditions la Caisse d'épargne postale opère-t-elle les remboursements aux déposants?*

Tout titulaire de la caisse d'épargne postale peut demander le remboursement d'une somme à son profit ou au profit d'une autre personne, au moyen d'un mandat-poste dont il acquitte les frais d'envoi.

Les déposants ont aussi la faculté de retirer leurs fonds dans les vingt-quatre heures, au moyen de demandes de remboursement et d'autorisations transmises par télégramme dont ils acquittent la taxe.

Les demandes de remboursement sont adressées directemen. au directeur général des postes et télégraphes, sur des bulletins préparés par l'administration.

*Doit-on avoir confiance dans cette Caisse d'épargne ?*

Oui, pensons-nous, car il est peu probable que l'État soit un jour dans l'impossibilité de rembourser les sommes d'argent déposées entre ses mains.

*Il y a donc avantage à confier ses économies aux Caisses d'épargne postales ?*

Certainement, et nous engageons vivement les ouvriers, nos camarades, à user de ce moyen, de mettre « quelques sous de côté » pour eux-mêmes et leurs enfants. Il est toujours très utile d'avoir « une poire pour la soif, » comme on dit ; surtout quand cette soif doit à peu près certainement se produire un jour ou l'autre.

*L'État a donc vraiment voulu rendre service au peuple en créant ces Caisses d'épargne ?*

On ne peut le contester et si la République n'avait fait que des affaires comme celle-là, (quoiqu'elle y trouve son profit), il faudrait l'acclamer et la bénir sur tous les tons.

*L'épargne est-elle comprise par les ouvriers ?*

Nous voudrions répondre affirmativement pour tous ; et nous ne saurions trop engager nos lecteurs à la pratiquer, et à ne pas dépenser, (à mesure qu'ils le gagnent, et souvent sans raison), leur « pauvre argent ; » n'oubliez pas la fable de la « cigale et de la fourmi. »

## XXXIX. — Boycottage et le Label.

*Que signifie ce mot de boycottage ?*

Par le boycottage, l'ouvrier lutte comme *consommateur* en refusant soi-même et en empêchant ses camarades d'acheter des denrées ou produits chez tel ou tel industriel ou commerçant.

*Pourquoi ce boycottage ?*

Ce boycottage est inspiré par le mécontentement qu'éprouvent les ouvriers contre un commerçant, qui fera travailler à l'excès ses employés, — qui ne les paiera pas, — qui les renverra sans motifs, — qui vendra trop cher sa marchandise, etc...

*Peut-on approuver le boycottage ?*

Oui, si le commerçant ou l'industriel, qui en est la victime, se met dans son tort vis-à-vis des ouvriers ; après tout, il n'a qu'à devenir raisonnable, s'il ne veut pas être boycotté.

*Mais que peut-on penser du boycottage pratiqué par les socialistes ?*

Le plus souvent ce boycottage est injuste, parce qu'il s'attaque à des industriels ou des commerçants honorables, et qui n'ont d'autres torts que d'être hostiles aux socialistes et bien pensants. Aussi les Jaunes ne s'associent pas à cette lutte et continuent-ils d'acheter chez ces commerçants !...

*Doit-on en arriver au boycottage légitime tout d'un coup ?*

Non, et nous sommes d'avis qu'il serait bon, avant de boycotter un industriel ou un commerçant, de l'en prévenir pour qu'il réfléchisse et consente à s'amender sous l'action de la crainte d'être boycotté.

*Mais si, ainsi prévenu, le commerçant continue ses errements ?*

Dans ce cas, les ouvriers seront dans leur droit d'agir ; et, s'ils sont syndiqués ou non, ils préviendront leurs camarades de ne rien acheter chez les sus-dits commerçants, jusqu'à nouvel ordre.

*Comment décider le boycottage d'un industriel ou d'un commerçant ?*

Cette décision doit être prise après mûre réflexion et sans parti pris injuste, et de manière que les ouvriers puissent agir d'un commun accord.

*Et le Label, qu'est-ce que c'est ?*

C'est le boycottage, mais en rebours. — Les syndicats fournissent aux industriels (qui observent les tarifs syndicaux et sont justes et bons envers leurs employés et ouvriers) des marques spéciales, des timbres, si vous voulez, que les industriels sus-dits apposent sur leurs produits; et les travailleurs sont engagés (par leurs comités directeurs) à ne fréquenter que les ateliers dotés de cette marque, ou à acheter que des marchandises pourvues du Label.

*Le Label est donc un encouragement et une preuve de sympathie ou de reconnaisance à l'égard de certains commerçants et industriels ?*

Évidemment, et les ouvriers qui se servent du Label sont complètement dans leur droit, pourvu, bien entendu, qu'ils ne l'appliquent pas à des commerçants indignes de posséder leur clientèle.

*Le Label peut-il être injuste et constituer une sorte de chantage ?*

Oui, et cela s'est vu aux dernières élections municipales de Paris. — Les socialistes ne donnèrent leur marque ou leur timbre qu'aux imprimeurs qui consentaient à soutenir les candidatures rouges, en imprimant leurs affiches; or, beaucoup d'imprimeurs, d'opinion antisocialiste, se crurent obligés d'accepter les conditions socialistes, pour ne pas être mis à l'index par les ouvriers et pour obtenir le timbre du Label !

*Qu'est-ce que cela prouve?*

Cela prouve que le Label est une arme à deux tranchants, dont on peut user légitimement et abuser injustement ; et avant de s'en servir, les ouvriers doivent se demander s'ils en ont le droit ; c'est ce que font les Jaunes à l'encontre des erreurs des Rouges.

*Si le boycottage est redouté par les commerçants, en est-il ainsi du Label?*

Non, au contraire, les industriels et les commerçants sont plutôt portés à solliciter des syndicats la faveur de leur timbre qui leur permettra de vendre à un plus grand nombre leurs marchandises.

*Le Label est donc un instrument d'entente et de bonne harmonie entre patrons, industriels, commerçants et les travailleurs?*

Oui, et à ce point de vue, on ne saurait que l'approuver et encourager les ouvriers à s'en servir. Par là, ils obtiendront plus facilement des commerçants et des industriels, que ceux-ci se soumettent à des contrats collectifs, entre ouvriers et patrons, au plus grand profit des uns et des autres.

*Les commerçants qui n'auraient pas la marque du Label sur leurs produits, subiraient donc le boycottage?*

Oui, évidemment pour toutes les marchandises marquées du Label, les commerçants qui ne l'auraient pas ne pourraient les vendre aux ouvriers ; mais alors, il faudrait ne refuser le Label qu'à ceux qu'on veut combattre et qui on des torts évidents à l'égards des travailleurs.

*Pour que le Label (qui suppose et entraîne le boycottage presque toujours), réussisse, que faut-il?*

Il faut, selon nous, qu'il y ait unité d'action parmi les ouvriers, syndiqués ou non ; autrement, si les ouvriers ne s'engageaient pas à n'acheter que les marchandises marquées du Label, il y aurait une perte pour les commerçants qui en sont dignes, et ce but ne serait pas atteint.

*Qui pourrait pousser les ouvriers à acheter des marchandises ou des denrées non revêtues du timbre-Label ?*

Ce serait l'habileté des commerçants boycottés, qui offriraient des marchandises aux ouvriers à des prix inférieurs pour attirer leur clientèle et les détourner des maisons en possession du Label.

*Et dans ce cas, comment faire ?*

Évidemment, le seul moyen de succès de la part des commerçants, ayant le Label, c'est d'abaisser eux aussi le prix de leurs marchandises et d'offrir aux ouvriers qui n'achètent que chez eux, plus d'avantages que n'en offriraient leurs concurrents boycottés ! Il y a même là une porte ouverte aux abus syndicalistes.

*Les ouvriers peuvent-ils, sans injustice, user du Label pour forcer les commerçants à leur vendre lenrs marchandises à meilleur marché ?*

Nous le croyons, pourvu que cette réduction de prix n'aille pas, bien entendu, jusqu'à priver le commerçant d'un gain légitime, et parce que si ce commerçant vend moins cher, il vend davantage, et dès lors y trouve encore son profit.

*Que faut-il pour que le Label produise tous ses effets ?*

Il doit être *corporatif*, par métiers ; et non *confédéral*, c'est-à-dire qu'il ne doit pas représenter des unions de métiers divers, mais des industries nettement déterminées.

*Pourquoi ?*

Parce que l'apostille du maçon sur les conditions et qualité de travail du boulanger par exemple, ne peut être inspiré de véritables intérêts « professionnels » ou « corporatifs » et que le Label confédéral ne serait aussi qu'un apostille politique.

## XLX. — Assistance en cas de chômage.

*Qu'entendez-vous par chômage ?*

J'entends les privations du travail, provenant de causes involontaires de la part des ouvriers, et qui est complète ou partielle.

*N'est-ce pas la plus terrible épreuve des ouvriers ?*

Évidemment, puisque, ne travaillant pas, ils ne peuvent toucher leur salaire qui seul les fait vivre eux et leurs familles.

*Comment combattre la fâcheuse éventualité du chômage ?*

1º Par les Bourses du travail, qui s'appliquent à trouver des employeurs, avec leurs bureaux de placement.

2º Par les Maisons de travail ou Ateliers, qui fournissent de la besogne.

3º Par les caisses de chômage, qui allouent des indemnités pécuniaires.

Ces trois œuvres se complètent l'une l'autre : ce n'est qu'à défaut d'employeur qu'on ouvre l'atelier, et c'est seulement faute de travail qu'on donne de l'argent.

*Quels doivent être les moyens de placement adoptés par nos Bourses libres du travail ?*

1º *L'ouverture d'un local* où employeurs et employés ont l'occasion de se rencontrer et de s'entendre. On peut y faire parfois l'appel public des offres et des demandes.

2º *L'affichage* des offres et la publicité qui leur est donnée.

3º *La rectification* spéciale aux intéressés d'une demande correspondante à leur offre. Des patrons ou des maîtres auront, par exemple, fait parvenir à la Bourse certaines offres de travail, on leur adressera les ouvriers en quête d'emploi.

*Nos Bourses libres devront-elles s'occuper de procurer du travail à n'importe quels ouvriers ?*

Nous ne le pensons pas et nous estimons qu'elles ne doivent s'occuper que des ouvriers adhérents au programme des Jaunes et qui consentiront à payer leur carte d'adhérents et qui offriront des garanties de bonne conduite.

*Et les maisons ou ateliers de travail, qu'en dites-vous ?*

Je dis que partout ces maisons ou ces ateliers devraient exister fondés par les communes, par les syndicats ou par les particuliers. On y trouverait du travail que les ouvriers pourraient faire chez eux ou bien sur place et qui leur rapporterait au moins quelques sous et qui ne serait pas difficile à exécuter. C'est là une œuvre philantropique par excellence et que les Jaunes « amis des ouvriers » s'appliqueront à créer et à soutenir.

*Qu'entendez-vous par les caisses de chômage ?*

Les caisses de chômage ont pour but de procurer aux affiliés, une indemnité journalière en argent, à défaut d'autre moyen pour les aider.

*Ces caisses de chômage doivent-elles être syndicales ?*

Oui, autant que possible, car elles sont plus aptes à être ainsi plus riches, par les cotisations de tous ; elles ne distribuent des secours de chômage qu'en connaissance de cause ; et elles attirent des membres nombreux au syndicat, par l'espoir d'un secours reçu en cas de chômage.

*Cette caisse syndicale de chômage doit-elle être indépendante de la caisse de secours mutuels ?*

Cela dépend et si l'on veut, les deux caisses peuvent être distinctes ou unies, suivant les ressources dont elles disposent et surtout les risques plus ou moins grands de chômage.

*Mais pour alimenter ces caisses syndicales de chômage les cotisations des ouvriers syndiqués suffiront-elles ?*

Quelquefois, mais pas toujours ; et alors les syndicats pourraient s'adresser à leurs communes et départements respectifs, ou plutôt à la charité privée qui leur prêtera son concours sans enchaîner leur liberté...

## XLVI. — Syndicats patronaux et syndicats ouvriers.

*Pourquoi les patrons se sont-ils syndiqués entre eux ?*

Pour plusieurs raisons que voici : 1° Ils ont compris que leur union leur permettrait soit d'acheter, soit de vendre en commun les produits de leurs industries ; 2° ils ont voulu en se syndiquant s'étendre sur les questions du travail de leurs ouvriers, adopter des mesures semblables concernant les salaire, les heures de travail, etc... C'était leur droit et leur avantage !

*Les syndicats patronaux sont-ils créés contre les syndicats ouvriers ?*

Pas toujours ; quoiqu'ils se proposent le plus souvent de se défendre et de lutter contre les syndicats.

*Mais alors, il n'est guère possible d'amener une libre et loyale entente entre les syndicats patronaux et les syndicats ouvriers ?*

Pardon ; cette entente si désirable, est possible, parce que ces deux syndicats ont des intérêts communs, telle que serait la désertion des commandes d'une usine, pour aller alimenter d'autres usines. Il est évident que ni les patrons, ni les ouvriers n'ont intérêt à ce que le travail leur fasse défaut.

*Quels sont les intérêts communs aux patrons et aux ouvriers ?*

Les patrons ont de l'intérêt à payer leurs ouvriers le moins cher possible, à les faire travailler le plus qu'ils peuvent, à ne pas s'imposer de nouveaux frais pour rendre leur usines plus hygiéniques, etc., etc. ; tandis que les ouvriers ont, de leur côté, intérêt à être payés plus cher, à ne pas être surmenés, etc...

*Ces intérêts non-communs ne peuvent-ils pas se concilier?*

Oui, heureurement, à condition que les patrons et les ouvriers respectent leurs intérêts respectifs, en se faisant des concessions mutuelles.

*Comment obtenir ces concessions mutuelles?*

Par le moyen de ce qu'on appelle « les commissions mixtes » qui mettent en contact les patrons et les ouvriers et sont capables d'inspirer aux patrons l'esprit de justice généreuse et d'équité bienveillante.

*Que pensez-vous des syndicats mixtes, dans l'industrie?*

Je pense qu'ils ne sont guère possibles, ni désirables, et que vouloir réunir les syndicats patronaux et les syndicats ouvriers dans un groupement mixte, serait chose inutile et inféconde ; les patrons ne l'accepteraient pas et les ouvriers, s'ils y adhéraient, n'y parleraient pas librement. Le syndicat mixte n'est possible et viable que pour l'industrie agricole.

*Comment obtenir la paix dans le monde du travail?*

« Pour cela, écrit M. E. Rivière, il faut que les patrons s'entendent pour définir leurs desiderata et que les ouvriers s'entendent également pour établir le programme commun de leurs revendications. Le programme patronal et le programme ouvrier doivent être aussi complets, aussi étudiés, aussi nets que possible et ceci est l'œuvre de syndicats absolument distincts et séparés. »

*C'est donc ici qu'intervient la commission mixte?*

Oui, car « elle est à la fois patron et ouvrier, elle connaît les deux langues et peut ainsi, dégageant la partie commune aux deux programmes, contrebalançant les revendications extrêmes les unes par les autres, former la loi de la profession, la loi féconde et pacifique qui n'empêchera pas les froissements particuliers, mais qui les atténuera dans la mesure du possible. »

*Ces commissions mixtes existent-elles quelque part ?*

Probablement, quoique nous ne sachions pas où ; et en tout cas, les ouvriers comme les patrons auraient avantage réciproque à les créer, et nous conseillons vivement à nos camarades « les Jaunes » de s'employer à cette création.

## XLII. — Ni Rouges ni Jaunes !

*Que signifie cette devise ?*

Elle signifie que plusieurs démocrates chrétiens qui l'ont adoptée et s'en font gloire, ne veulent pas plus s'associer aux Rouges qu'aux Jaunes.

*Pourquoi cela ?*

Parce qu'ils prétendent (à tort) que les Jaunes sont vendus aux patrons et (avec raison) que les Rouges font de la politique ; et ils ont été jusqu'à écrire cette phrase monumentale : « Il y a peut-être parmi les ouvriers des Rouges et des Jaunes, mais ces ouvriers ne peuvent pas constituer de véritables syndicats. »

*D'après ces idées, il ne peut y avoir de syndicats jaunes ?*

Ça n'empêche que les syndicats se multiplient chaque jour, avec la cocarde jaune, sans faire de la politique, ni se vendre aux patrons.

*Les syndicats jaunes sont-ils seulement les antagonistes des syndicats rouges ?*

Ils sont cela n'abord ; mais, de plus (et toujours par opposition aux Rouges), ils sont des syndicats *purement profes-*

*sionnels* et dans lesquels la politique n'entrera pas, tant que leurs chefs seront écoutés et compris.

*D'où vient l'opposition des démocrates chrétiens aux syndicats jaunes?*

Nous nous le demandons : « Est-ce parce que les Jaunes se contentent de ne vouloir être « ni révolutionnaires, ni internationalites, ni anticléricux » et qu'on voudrait qu'ils se déclarent chrétiens? » Peut-être ; et alors, nous allons nous expliquer.

*Pourquoi les Jaunes se refusent-ils à se proclamer chrétiens avant tout?*

Est-ce par hostilité ou par indifférence pour la religion? — Pas du tout !

*Pourquoi alors?*

Parce qu'ils estiment que les syndicats ont principalement pour but de sauvegarder les intérêts profesionnels des ouvriers et que s'ils mettaient l'étiquette religieuse à leur drapeau, le plus grand nombre des ouvriers de France refuseraient de se grouper par crainte qu'on ne viole leur liberté de conscience.

*Il y a donc trois sortes de syndicats?*

Oui, les syndicats rouges, les syndicats jaunes, les syndicats chrétiens.

*Ne pourraient-ils pas s'entendre ensemble?*

Pour ce qui est des syndicats rouges, ni les Jaunes, ni les chrétiens ne peuvent les approuver, ni les soutenir, car les Rouges sont les ennemis de la religion, de la patrie, des patrons et même des ouvriers, dont ils flattent les passions...

*Mais entre les syndicats jaunes et les syndicats chrétiens l'entente ne serait-elle pas possible?*

Évidemment, et nous, les « Jaunes, » nous n'avons jamais

jeté la pierre aux syndicats chrétiens, que nous estimons, parce qu'ils veulent vraiment le bien de la classe ouvrière ; mais nous voudrions aussi que les syndicats chrétiens ne traitent pas en ennemis les syndicats jaunes et ne les accusent pas « d'être vendus aux patrons, ou d'être neutre au point de vue religieux et patriotique, » alors que ces accusations « sont manifestement fausses. »

*Les syndicats chrétiens sont-ils nécessairement des syndicats jaunes ?*

Nous le pensons, en ce sens que, comme les Jaunes, ils sont *forcément hostiles* aux Rouges ; et ces derniers ne manqueront pas de qualifier du titre de « Jaunes » les démocrates chrétiens, comme par ailleurs ils traitent de « cléricaux » les Jaunes.

*Alors, cette devise « ni Rouge, ni Jaunes » n'a selon vous aucun sens ?*

Évidemment, et il faut se résigner à être « ou Rouges ou Jaunes. » Jaunes tout court ou « Jaunes chrétiens. » Quoi qu'il en coûte aux syndicats chrétiens, puisqu'ils ne peuvent ni ne veulent pas être Rouges, il faut nécessairement qu'ils soient « Jaunes, » en partie du moins, d'autant que le programme des « Jaunes » ne peut qu'être accepté par eux, et que les Jaunes ne se distinguent des Chrétiens que par leur tactique qui est différente et qui consiste à ne pas mettre en avant leur titre de catholiques, alors que le but est commun, puisqu'ils veulent les uns les autres le bien de la classe ouvrière.

*Que devrait-il se produire ?*

Une entente cordiale et fraternelle entre les syndicats « chrétiens » et les syndicats « Jaunes, » ne fût-ce que pour combattre et détruire les syndicats rouges qui sont la plaie de la classe ouvrière en France.

*Cette entente se produira-elle ?*

Nous le souhaitons vivement et nous l'espérons, et ce ne seront pas les Jaunes en tout cas qui s'y opposeront, car leur devise est : « Paix et Fraternité. »

*Estimez-vous les syndicats jaunes meilleurs que les syndicats chrétiens ?*

Nous n'avons jamais eu cette sotte prétention de nous croire meilleurs que les autres ; mais nous estimons que les ouvriers, dans leur majorité, ne consentiront pas, à l'heure actuelle, à se grouper sous le drapeau de la Religion ; et dès lors, nous pensons que les « Jaunes » ont raison de ne pas mettre en avant la question religieuse, et de ne s'occuper que de questions professionnelles.

## XLIII. — Compagnonnage, Viaticum et Orphelinats.

*Qu'entendez-vous par le Compagnonnage ?*

J'entends que les ouvriers forment entre eux une sorte de famille qui les rende tous frères et leur fasse contracter des engagements de fidélité et d'assistance mutuelle.

*Le Compagnonnage n'est-il pas une chose du temps passé et un peu démodée ?*

Sans doute le compagnonnage existait surtout autrefois ; mais il n'est pas tout à fait détruit et selon nous il est facile de le ressusciter, sous une nouvelle forme.

*Comment concevez-vous le Compagnonnage moderne ?*

Je voudrais qu'il ne se contentât pas d'unir seulement les ouvriers d'un même métier, mais qu'il s'étendît à tous les travailleurs de notre pays.

*Que faudrait-il pour cela ?*

Il faudrait évidemment que les ouvriers adoptent un programme semblable, tel que celui des Jaunes, et prennent les mêmes engagements.

*Est-il possible ?*

Il suffit pour qu'il en soit ainsi que les ouvriers syndiqués d'une ville ou d'une région, soient sollicités de se grouper en compagnonnages, sous la bannière des Jaunes. — La Confédération, les Fédérations sont en somme des tentatives « sèches du Compagnonnage. »

*Quels seraient les statuts de ces nouveaux Compagnonnages ?*

Ce que voudront les compagnons, par exemple les mêmes que ceux des « Jaunes » de France avec un insigne qui sera le bouton de *« genêt. »* La formule d'engagement que le compagnon récitera et signera le jour où il serait admis dans le compagnonnage mérite aussi d'être étudiée.

*Pouvez-vous nous donner une formule ?*

Bien volontiers, sans toutefois vouloir l'imposer. La voici telle que je la conçois :

Moi... ouvrier... en face des camarades... X. Y. Z... investis de l'autorité compagnonnique, en présence de Dieu qui est partout, je m'engage à observer fidèlement les rites, engagements et statuts du Compagnonnage des « Jaunes » de France.

J'atteste la fidélité et le dévouement dont je suis pénétré vis-à-vis de tous les compagnons et je jure que partout où l'un d'eux me fera appel je l'assisterai dans la plus grande mesure de mes moyens.

     Je signe :
P. attestation de serments :
    Le Maître compagnon :
    Les chefs de section :

*Quels services le Compagnonnage rendrait-il aux ouvriers ?*

Nous ne pouvons les énumérer tous ; disons-en seulement quelques-uns.

1° Un compagnon obligé de s'éloigner et d'aller chercher du travail au loin, serait défrayé d'une partie des frais de route, et on lui fournirait les moyens de se déplacer à pied ou en chemin de fer. Pour chaque centre des « Mères » hospitalières abriteraient les « compagnons » qui se renseigneraient mutuellement.

2° Quand il arriverait au but de son voyage, son titre et son carnet de compagnon lui vaudraient aussitôt l'appui des compagnons et ouvriers jaunes de la localité dans laquelle il viendrait s'établir, etc., etc.

*Quant aux enfants des travailleurs, l'association des compagnons jaunes s'en occuperait-elle et comment ?*

Si le père ou la mère venaient à mourir, le Compagnonnage s'occuperait de créer des orphelinats dans diverses régions, soit de faire placer les enfants dans des familles honnêtes, moyennant une rétribution convenable.

Et pour tous les enfants des compagnons (qu'ils soient orphelins ou non), l'Association s'efforcerait de créer des écoles d'apprentissage dans lesquelles on les formerait sérieusement aux divers métiers.

*Mais tout cela n'est-il pas un rêve irréalisable ?*

Nous ne le pensons pas, et quand va être fortifié en France le parti national des Jaunes, quand nos syndicats se seront racinés fortement et que leurs membres auront augmenté en nombre, le Compagnonnage en pleine vie et prospérité.

## XLIV. — Fédération des syndicats jaunes.

*Qu'appelez-vous fédération ?*

C'est la réunion ou le groupement de plusieurs syndicats dans une Bourse du travail, sous la direction d'un secrétaire général.

*Comment peut-on concevoir cette fédération ?*

De trois manières qui sont : la fédération locale, la fédération régionale, la fédération nationale.

*Voulez-vous nous expliquer ce que vous entendez par là ?*

Bien volontiers. — La *fédération locale* c'est celle qui unit
et groupe dans un même local et sous la même direction, les
divers syndicats d'une ville.

La *fédération régionale*, c'est l'union et l'entente entre les
fédérations locales d'une même contrée ou province.

La *fédération nationale* enfin c'est l'adhésion des fédérations
locales et régionales au Comité central des Jaunes dont le
siège est à Paris.

*Quels sont les avantages de la fédération locale ?*

Tous les ouvriers comprendront qu'en unissant leurs divers
syndicats, tels que ceux de menuisiers, boulangers, de mécaniciens, d'employés de commerce, etc., constitués légalement
dans une même localité, ils pourront avoir un local unique
et commun, où ils se verront, se concerteront, se soutiendront
mutuellement...

*Pourquoi la fédération régionale ?*

Quand dans plusieurs localités d'une même province
(comme serait la Normandie, la Bourgogne, la Bretagne, etc.,
etc.) existent des fédérations locales de syndicats, naturellement ces fédérations sentiront le besoin de s'unir entre elles
pour se soutenir, préparer des Congrès régionaux, s'encourager et se prêter un fraternel concours soit pour des conférences, soit pour les constitutions des sociétés de secours,
etc., etc...

*Et la fédération nationale, qui la rend nécessaire ?*

Toute organisation sérieuse et surtout le parti ouvrier, doit
avoir des chefs et un centre à Paris pour se développer sous

leur influence, pour recevoir le mot d'ordre qui empêche les faux pas...

*Le comité central des Jaunes existe-t-il à Paris?*

Oui, 85, rue de la Victoire, au « Jaune » c'est Biétry, qui en est le chef, (choisi et acclamé par tous les Jaunes de France). Il a toute l'expérience qu'il faut des questions ouvrières et aussi tout le dévouement désintéressé, nécessaire pour créer un parti ouvrier national.

*Quelle doit être la conduite des Fédérations locale et régionale de province, vis-à-vis du Comité central ou de la Fédération nationale de Paris?*

Tout d'abord les syndicats de province doivent adhérer franchement et entièrement au programme de Biétry et du Comité parisien et ne pas s'en écarter ; autrement il y aurait schisme et division, et les Jaunes ne formeraient jamais le le grand parti ouvrier qui doit relever la France ! — Donc, pas d'accointances avec les Rouges, ni d'essai de pénétration dans les syndicats et Bourses socialistes ; ce serait unir le loup et l'agneau ; soyons Jaunes et ne soyons que Jaunes !

*Quel sera le lien extérieur des Fédérations de province avec la Fédération de Paris?*

Ce sera le journal « le Jaune » qui, plus que jamais doit devenir le « Moniteur » du parti des Jaunes de France. Aussi tous nos syndicats doivent s'abonner au Jaune, l'aider à vivre et à se développer, les distribuer parmi les camarades, pour qu'ils s'imprègnent de plus en plus de nos doctrines...

*N'y a-t-il pas d'autres rapports à entretenir avec Paris?*

Oui, évidemment. C'est à Paris qu'il faudra écrire régulièrement pour consulter dans les questions difficiles ; pour communiquer les faits intéressant les syndicats jaunes de la France entière ; pour obtenir des orateurs qui iront partout

encourager les camarades, défendre leurs droits et les unir en
associations professionnelles.

*Cette union et cette Fédération locale, régionale ou nationale des
« Jaunes » n'est-elle pas un rêve ?*

Non, puisque déjà on peut affirmer qu'elle existe. Bientôt
elle se développera, nous en sommes certains, parce que les
ouvriers se sépareront de plus en plus des socialistes révolutionnaires, (fauteurs de grèves et de discorde et semeurs de
misères), et sentiront le besoin et la nécessité de se grouper
et de former une armée bien disciplinée sous la bannière
déjà glorieuse des Jaunes et qui les mènera à la victoire !

## XLV. — Le « Jaune » et son fondateur.

*Parlez-nous d'abord du Fondateur du « Jaune » ?*

Je le ferai d'autant plus volontiers que Biétry est devenu
un sujet de contradiction pour les méchants comme pour les
bons.

*Pourquoi cela ?*

Les « méchants » c'est-à-dire les socialistes, collectivistes,
anarchistes, ne lui pardonnent pas d'avoir quitté leurs rangs,
(dans lesquels il s'était de bonne foi, laissé entraîner) ; et ils
trouvent mauvais qu'il combatte leurs doctrines révolutionnaires. Mais leurs injures et leur haine sont un honneur
pour Biétry, qui ne les craint pas.

Quant aux « bons, » c'est-à-dire surtout quelques organisations rivales de démocrates chrétiens, ou indépendants timi-
des, qui ménagent surtout la chèvre et le chou, ils affectent de
ne pas croire que « l'ancien révolutionnaire » soit un ami
dévoué et éclairé de la classe ouvrière. Et pourtant cela est ;
et les écrits comme les actes de Biétry, le démontreront de
plus en plus à ses contradicteurs ; espérons-le.

*Pourquoi Biétry a-t-il cessé de se livrer à son métier d'horloger et a-t-il quitté les usines où il travaillait ?*

Parce qu'il se sentait de taille à organiser la Fédération des Jaunes et à grouper les ouvriers, ses camarades, dans des syndicats indépendants ; et pour cette entreprise, toutes les heures du jour sont nécessaires, et il ne pouvait la mener à bonne fin, en continuant son travail à l'atelier.

*C'est donc par dévouement pour la classe ouvrière que Biétry donne son temps et toutes ses énergies à l'œuvre du Journal et des syndicats jaunes ?*

Oui, et cela avec un désintéressement admirable auquel il faut croire, quoiqu'il soit rare. — Soyez assurés que Biétry n'a aucune ambition, ni au point de vue de la fortune (qu'il méprise), ni au point de vue des honneurs (qu'il dédaigne) ; et que son seul désir est de réussir à soustraire ses camarades les ouvriers, à l'esclavage du salariat et de leur rendre la vie un peu moins amère.

*Biétry succède à Lanoir qui a trahi les ouvriers ?*

Oui, Biétry succède à Lanoir dans la direction du mouvement des Jaunes, mais comme le jour succède à la nuit et comme le dévouement et l'honnêteté succèdent à l'égoïsme et à la trahison.

*Qui donc a dénoncé Lanoir et l'a forcé à se retirer « dans ses terres ? »*

Qui, si ce n'est Biétry, quand il fut éclairé sur les agissements de Lanoir, l'homme vendu aux patrons, dont il recevait des subventions qu'il mettait dans sa poche !

*Alors les « Jaunes, » dont Biétry est le chef, sont des gens en qui on peut se fier et auxquels tous les bons ouvriers doivent se rallier ?*

Oui, et pour ce faire, lisez et étudiez leur programme et leur journal « le Jaune. »

*Mais comment Biétry a-t-il réussi à fonder le Jaune ?*

Grâce à la bienveillance de plusieurs « vrais amis du peuple » qui lui ont procuré l'argent nécessaire et l'ont soutenu, envers et contre tous, parce qu'ils l'estiment et le croient appelé à détruire l'œuvre néfaste des socialistes, en France !

*Comment y parviendra-t-il ?*

D'abord, en répandant partout « le Jaune » et ses doctrines ; puis en organisant dans toutes les villes des syndicats d'ouvriers qui adopteront son programme. Pour cela les ressources pécuniaires sont évidemment nécessaires, mais Biétry ne les demande jamais ni au gouvernement, ni aux départements, ni aux municipalités, parce qu'il veut rester indépendant et ne pas être obligé de servir les politiciens.

*C'est très bien ; et pourtant de qui donc Biétry recevra-t-il l'argent indispensable aux Bourses du travail et à leur Fédération qu'il a déjà faites et qu'il veut continuer à créer ?*

1° Des amis qui prendront un abonnement de 10 francs au Jaune (et leur nombre augmente tous les jours). 2° Des adhérents au programme du Jaune qui enverront leur cotisation annuelle de 2 francs et aussi de bienfaiteurs riches et pauvres qui veulent aider au relèvement matériel et moral de la classe ouvrière.

*Pourquoi le Jaune ?*

Parce que c'est le seul journal de France, traitant exclusivement des questions ouvrières d'une façon sérieuse et honnête, qui puisse éclairer les travailleurs sur leurs droits et leurs devoirs, et qui soit capable de leur faire comprendre toute la fausseté et la malice des utopies et des doctrines socialistes.

*Faut-il répandre le Jaune ?*

Oui, et tous les ouvriers de France devraient pouvoir le lire chaque semaine. Aussi comptons-nous que les travailleurs, les patrons, les prêtres, les nobles, les bourgeois, se feront un devoir de s'y abonner et d'y abonner les ouvriers qu'ils aiment ! Car si ces derniers ne lisent pas le Jaune, ils liront les journaux socialistes révolutionnaires qui ne peuvent que les pervertir...

*Mais le Jaune coûte deux sous, et c'est trop cher ?*

Tous les journaux hebdomadaires « rouges » tels que « la Voix du Peuple, » le « Libertaire, » les « Temps nouveaux, » etc., coûtent également deux sous ; autrement comment paieraient-ils leurs imprimeurs, leurs rédacteurs, etc., et ces feuilles incendiaires s'achètent par milliers !... Pourquoi ne ferait-on pas un sacrifice pareil, pour acheter le « Jaune » qui est lui un « excellent journal » très intéressant, alors surtout qu'il consent à abaisser ses prix d'abonnement et de vente au numéro, lorsqu'il s'agit des ouvriers...

*Alors que faut-il faire ?*

Il faut écrire à Biétry, 85, rue de la Victoire (Paris), lui demander d'envoyer « le Jaune » à titre d'essai d'abord, dans telle ou telle localité, à des adresses qu'on lui donnera, et s'entendre avec son administration pour les conditions de paiement...

*Ne devrait-on pas trouver « le Jaune » dans tous les kiosques, dans les gares et dans les librairies ?*

Évidemment, mais pour cela il faudrait en augmenter le tirage considérablement et aussi les frais d'impression. Or, les kiosques sont entre les mains d'une maison qui en a le monopole et les règlements de contrat ne se font que par trimestre. Comme on doit reprendre les invendus, le bénéfice est minime et il faudrait avancer les frais du tirage pendant trois mois. Or le « Jaune » n'est pas assez riche pour faire maintenant cette opération. Toutefois, nous pouvons expédier un certain nombre de numéros du « Jaune, » chaque semaine, aux libraires, aux dépositaires sérieux qui s'engageraient à en assurer la vente, avec remise pour eux, bien entendu. — Qu'on nous en demande !

*Nos syndicats doivent-ils recevoir « le Jaune » ?*

Évidemment, et c'est sur eux surtout que nous comptons pour augmenter notre tirage. Il faudrait que de toutes les villes de France nous arrivent des communications, des articles qui permettent au « Jaune » de devenir le journal de nos syndicats ; ce qui le rendrait plus intéressant pour tout le monde.

*Pourquoi avez-vous adopté ce titre de « Jaune » ?*

Parce que c'est de ce nom dont les Rouges ont baptisé à Montceau-les-Mines, les ouvriers indépendants, qui résistaient à leur tyrannie. Nos camarades ayant bouché les carreaux, cassés par les gréviculteurs, avec du papier jaune qui se se trouvait là, ils furent qualifiés du titre de Jaunes ; et ce titre qui, dans la bouche des socialistes était une injure, nous n'en rougissons pas et nous le ferons respecter et acclamer par tous les bons Français.

## XLVI. — Programme des Jaunes.

*Les « Jaunes » ont-ils un programme et quel en est le caractère ?*

Oui, les « Jaunes » comme les « Rouges » d'ailleurs, ont élaboré un programme d'action et de revendications, qui mérite de fixer l'attention des ouvriers et des patrons. Ce programme n'est pas seulement *négatif,* en ce sens qu'il combat les théories socialistes et collectivistes) ; il est encore et surtout *positif,* en ce sens qu'il expose une doctrine de justice et de liberté. Il peut se résumer dans ce mot : « *la paix dans la justice.* » Les Jaunes veulent la paix et la bonne entente entre les ouvriers et les patrons, mais à condition que la justice soit gardée de part et d'autre.

*Pouvez-vous reproduire ici le programme des Jaunes et nous l'expliquer en quelques mots ?*

Je ne demande pas mieux et quoique cela allonge un peu ce chapitre, j'espère que vous me lirez attentivement et jusqu'au bout.

Voici d'abord les préliminaires du Programme :

1° « Considérant que le Prolétariat, (dupé par les politi- « ciens qui en vivent,) s'achemine peu à peu dans des voies « sans issue, d'où il ne sortira, si l'on n'y porte remède, que « par une révolution.

« Que cette révolution préparée sur le terrain économique « ne peut qu'accumuler ruines et misères sur les citoyens et « sur la nation. »

Les meneurs socialistes, en effet, n'ont qu'un but, c'est de se faire nommer « députés ou conseillers » par les ouvriers pour s'enrichir et se la « couler douce. » Et pour cela, ils promettent aux ouvriers « plus de beurre que de pain ; » ils fomentent les grèves et veulent la mort des patrons sous prétexte d'augmenter le bien-être, le salaire des ouvriers ; et ils ne réussissent le plus souvent qu'à faire cesser le travail et à ruiner les industries nationales...

2° « Considérant que les moyens révolutionnaires et les « violences, n'ont jamais fait aboutir les questions sociales et « que les améliorations, acquises jusqu'ici, par la classe « ouvrière, sont les résultats non des grèves ni des émeutes, « mais des revendications pacifiques, vigoureusement pour- « suivies. »

Rien de plus sage que cette considération ; et les « Jaunes » en se montrant les ennemis des grèves, concourent à l'avantage aussi bien des patrons que des ouvriers.

3° « Considérant, d'autre part, qu'il importe, pour la
« classe ouvrière de provoquer toutes les réformes et amélio-
« rations nécessaires. Que les travailleurs ne peuvent atten-
« dre, les *bras croisés*, le bouleversement social d'où sortirait le
« bien-être industriel tant de fois promis. Qu'en réalité, l'amé-
« lioration du sort des travailleurs, ne peut résulter que de
« leur organisation et de leur éducation. »

Qui ne comprend que pour les ouvriers surtout est vraie
la devise : « Aide-toi et le ciel t'aidera ? » Leur sort dépend
en grande partie d'eux-mêmes, s'ils veulent se grouper et
s'entendre entre eux ; ce sera leur union, sous le drapeau des
Jaunes, qui fera leur force.

4° Considérant enfin, que le contrat de travail entre l'ou-
« vrier et le patron, n'est pas un contrat de louage ordinaire,
« donnant pour donnant, auquel les deux parties sont sou-
« mises d'après les lois établies ; qu'on ne saurait trop s'élever
« contre cette interprétation antisocialiste du travail, qui ravale
« l'œuvre de l'homme à une marchandise ; mais qu'au con-
« traire, le contrat de travail est avant tout un acte humain.
« Que ce pacte doit solidariser les hommes, au lieu de les par-
« tager en deux groupes perpétuellement hostiles : des patrons
« d'un côté ; des ouvriers de l'autre... »

Il en est ainsi, trop souvent, hélas ! parce que les patrons
essayent de tirer tous le travail possible de leurs ouvriers,
en les payant le moins qu'ils peuvent, et sans se préoccuper
assez si ces ouvriers ont besoin de bien-être, de repos et de
liberté.

*Ces préliminaires posés, donnez-nous maintenant le programme
proprement dit des « Jaunes ? »*

Le voici, clairement exposé :

« L'Union fédérative des ouvriers et syndicats professionnels indépendants, adhérant à la fédération des « Jaunes »
de France se constitue sur ces bases :

1° « Revendication ferme et continue des améliorations
« qui sont indispensables au développement physique, intel-
« lectuel et moral de la classe ouvrière. »

Cette revendication, ce sont nos syndicats qui ne cesseront
de la présenter et aux patrons, et aux législateurs, pour
en obtenir : soit une diminution sur la durée du travail ; soit
le repos du dimanche et même du samedi après-midi ; soit
l'hygiène dans les ateliers, etc.

2° « Participation de la main-d'œuvre aux bénéfices du
capital. »

Cette participation, les Jaunes la réclament comme un
moyen de redevenir propriétaires individuels d'une partie
du capital et des fruits de l'industrie, afin que leur sort soit
moins précaire et qu'ils ne soient plus exposés à tomber
dans la misère et à être « sans feu ni lieu. »

3° « Opposition à toutes les grèves ayant un caractère
« politique et dont la nécessité n'est pas démontrée par l'in-
« transigeance patronale. »

En principe, les Jaunes sont opposés à la grève et ils ont
raison ; car le plus souvent, elles détruisent les industries,
en même temps qu'elles privent les ouvriers de leur travail
et de leur salaire, les laissant « Gros-Jean » comme devant.

4° « Fixation des heures du travail par corporations, régions
« et métiers, d'un commun accord entre syndicats patronaux
« et syndicats ouvriers. »

Cet accord est nécessaire, parce que l'on ne peut appliquer
à tous les métiers la même durée ni forme de travail : pour
les uns, la journée de dix heures sera suffisante, pour les
autres elle fera tort aux patrons et aux ouvriers.

5° — « Lutte contre le collectivisme d'État qui, en fonc-
« tionnarisant les travailleurs, les met dans la main d'un maî-
« tre anonyme, irresponsable et plus dur que le patron. »

Nous en avons la preuve dans les industries qui sont entre

les mains de l'État ou des communes qui paient moins leurs employés, les empêchent de se syndiquer, et les renvoient sans travail, s'ils ne partagent pas les opinions du gouvernement.

6° « Développement dans la classe ouvrière des grands « moyens sociaux de relèvement et d'indépendance, et garan- « ties pour la vieillesse des travailleurs : mutualité, assistance « et retraites ouvrières. »

Les Jaunes veulent que l'ouvrier soit assuré de son pain quotidien, des remèdes et soins en cas de maladie, etc...

7° « Placement gratuit par l'Union fédérative de tous « les orphelins de nos syndiqués. »

C'est là une œuvre de salut public et de solidarité vraiment fraternelle.

8° « Encouragement à toutes les initiatives privées « dirigées vers des œuvres de bienfaisance. »

Les Jaunes savent, en effet, combien sont froides et dures les œuvres d'Assistance publique et officielle qui engraissent les employés ronds de cuir, au détriment des travailleurs malheureux.

9° « Éducation civique et professionnelle de tous les « travailleurs en vue de tous les droits, de tous les besoins « et de toutes les libertés nécessaires à un grand peuple. »

Cette éducation, les Jaunes l'entreprennent par leur journal et par les cercles d'études de leurs syndicats.

10° « Liberté d'Association, liberté d'enseignement, « liberté absolue de conscience, droit de propriété. »

C'est ce qui distingue les Jaunes des Rouges. Ces derniers veulent détruire la liberté et tyrannisent les consciences, et, s'ils le pouvaient, ils feraient, des ouvriers de France, un peuple d'athées et d'esclaves. A bas les tyrans et vive la liberté !

En terminant ce chapitre, citons ces belles déclarations du

« Manifeste aux travailleurs de France » signé par Biétry :

« Nous proclamons le véritable socialisme national !

« Socialisme d'amour et de paix, mais non de haine et de guerre !

« Socialisme d'émancipation et non d'abdication et de luttes stériles !

« Socialisme de réformes persévérantes, indispensables au développement normal de la classe ouvrière !

« Nous voulons l'émancipation des travailleurs, dans une France grande, riche, débordante de prospérité !...

Vive les Jaunes et aux Rouges !

## LES « JAUNES » A L'ÉTRANGER

*L'article ci-dessous est traduit du grand journal espagnol : La Gaceto del Norte*

Deux et même trois fois j'ai pris la plume pour consacrer une chronique aux Jaunes, et chaque fois, après quelques lignes, j'ai suspendu mon travail. La matière est vaste, complexe, difficile à traiter. On en ferait un volume plus facilement qu'un article. L'intérêt cependant en est si palpitant ; les progrès des Jaunes, quoique lents, si sûrs ; leur influence dans l'avenir peut être si considérable, que je me décide enfin à réaliser mon dessein.

Les ouvriers indépendants qui ont le courage héroïque, on peut le dire, de prêcher la croisade contre les Rouges, ont acquis le droit, par leurs bons sentiments, leur droiture et leur organisation, à ce que la plus grande publicité possible soit donnée à leurs efforts.

Sans subventions ni aide de personne, ils ont déjà fondé douze Bourses libres du Travail, à Paris, Boulogne-sur-Seine, Boulogne-sur-Mer, le Hâvre, Tourcoing, Caen, Marseille, Cherbourg, Valenciennes, Tours, Belfort, Lyon, etc. Cha-

cuné de ces Bourses publie un bulletin spécial, indépendam-
ment des périodiques jaunes qui paraissent en province : *Le
Journal des Travailleurs* (au Hâvre), *la Travailleur libre* (Valenciennes) ; à Paris, *l'Écho des Transports*, *l'Orfèvre*, *le Contrôle*, etc., etc.

Il manquait un organe de doctrine à Paris, et déjà ils l'ont
fondé *Le Jaune*, très sympathique et très digne d'être lu et
propagé, comme le prouvent les grincements de dents avec
lesquel les socialistes de toutes nuances l'ont accueilli, depuis
les partisans de Jaurès jusqu'à ceux de Guesde.

Dans plus de la moitié des départements, ils ont installé
des syndicats indépendants, les groupant, de plus en plus,
en une *Fédération des Jaunes de France*, premier pas vers l'Union
fédérative de tous les ouvriers et syndicats professionnels
indépendants, qu'ils sont en train de fonder, et dans laquelle
ils espèrent compter un jour comme alliés, toutes les organisations indépendantes, Jaunes et mêmes » catholiques » qui
s'occupent de la question sociale.

Ils rencontrent sans doute dans quelques-unes de ces dernières, (par exemple, dans le *Sillon* dans les *Travailleurs chrétiens*,) une résistance marquée contre une alliance avec eux ;
il est à espérer qu'elle ne sera pas durable, car, ainsi que
le reconnaît et le constate volontiers le *Jaune*, les éléments
ecclésiastiques sont, en général, favorables à l'alliance.

Des « Jaunes, » de leur Presse, de leur Congrès, de leurs
Bourses et de leurs Syndicats indépendants, je compte parler
dans des articles successifs, sinon avec toute l'ampleur que
comporte un si intéressant mouvement, du moins avec
toute l'étendue que permet le caractère d'un journal quotidien.

Pour aujourd'hui qu'il me suffise de dire, par manière de
préambule, que tout comme les syndicats rouges, subven-
tionnés triplement par l'État, les provinces et les communes,
se composent de deux classes d'ouvriers, les trompés et les

indociles; de même les « Jaunes » qui vivent de leurs
propres ressources, se composent de deux catégories de travailleurs : les désillisionnés et les résignés. En effet, il y a
d'une part parmi les Jaunes, d'anciens militants du socialisme révolutionnaire, tels que Biétry, directeur du *Jaune*,
qui ont ouvert les yeux à temps et compris l'exploitation
dont ils étaient les victimes ; et, d'autre part, des ouvriers
élevés pacifiquement dans des familles laborieuses, contents
de leur sort et satisfaits de pouvoir gagner chaque jour le
pain de leurs familles.

Parmi ces derniers, les uns sont catholiques, les autres
non, parce que personne ne leur a jamais parlé de religion,
mais dans leurs rangs, il n'y a pas d'anticléricaux.

Dans les conférences des « Jaunes, » aussi bien que dans
leurs journaux, il n'est parlé des ouvriers chrétiens qu'avec
sympathie, et on inculque à tous qu'une des plus regrettables
machines de guerre inventées contre le prolétariat est l'anticléricalisme.

Cela prouve de la noblesse de cœur et une dose de sens
commun, d'autant plus dignes d'admiration qu'il se rencontre chez des gens que la foi chrétienne n'éclaire pas tous et
c'est bien capable d'attirer beaucoup de sympathie aux Jaunes,
et d'expliquer leur neutralité confessionnelle, neutralité qui
ne s'explique que trop dans les temps d'indifférence religieuse
où nous vivons, et qui me paraît beaucoup moins regretta-
ble que le spectacle offert par d'autres organisations excellentes.

# APPENDICES

*Nous tenons à reproduire dans cette brochure, éditée par le « Jaune » les deux « Toasts » prononcés à la fin du banquet fraternel qui réunissait les collaborateurs du journal, en juin 1904, autour de leur chef pour lui souhaiter sa fête « la Saint-Pierre. » Nos lecteurs les liront avec plaisir et profit.*

## Toast de Théophile.

Mon cher Biétry,

Mes cheveux sont déjà blancs, ma vieille affection pour vous me donnent le droit de prendre le premier la parole aujourd'hui et j'en suis heureux.

C'est à titre de fondateur du *Jaune* et de chef des « Jaunes de France, » que nous célébrons ensemble la fête de votre patron saint Pierre et il me semble bien que vous lui ressemblez un peu.

Monté sur sa barque, une tempête vient l'assaillir et il s'écrie : Seigneur, sauvez-nous, car nous périssons ! Vous aussi, Biétry, vous sentez le danger que court le monde des travailleurs, vous voyez les flots du socialisme révolutionnaire l'assaillir et vous avez entrepris, avec le secours de Dieu, de le sauver.

On vous a calomnié, on a prétendu que vous étiez un ambitieux, un faux frère, ne cherchant, comme tant d'autres, que votre intérêt ! En vérité, s'il en était ainsi, vous feriez fausse route, car ce ne sont pas les « Jaunes » qui détiennent « l'assiette au beurre » ni qui vous vaudront l'argent et les honneurs réservés aux seuls socialistes !

Non, mon brave Pierre, vous avez le cœur plus haut que cela ! Ouvrier depuis votre enfance, vous avez connu les épreuves, vous avez senti la dureté de la vie des travailleurs ; et doué de talent et de volonté, vous vous êtes consacré à l'amélioration du sort de vos camarades.

Et nous, qui vous voyons à l'œuvre, nous nous sommes attachés à votre personne, nous écrivons dans le *Jaune* et nous sommes fiers de vous avoir pour chef, et nous vous saluons d'un seul cœur et d'une commune voix ; comptez sur nous, comme nous comptons sur vous.

Réussirez-vous à syndiquer les ouvriers de France, à leur faire agréer votre programme, à les faire adhérer à la Fédération des Jaunes ?

Des gens qui se croient éclairés vous regardent en pitié et s'écrient : « Ce pauvre Biétry, il se met le doigt dans l'œil ; il ne réussira pas, et son entreprise sera un four colossal : les ouvriers sont sous la férule des socialistes, et ce n'est pas vous, qui êtes sans le sou et sans protection, qui les attirerez dans vos rangs, ni les grouperez sous votre drapeau ; retournez donc à votre atelier, et cessez ce bruit que fait votre nom et votre journal, avant que l'on ne vous fasse de lugubres funérailles ! »

Heureusement, mon brave Pierre, vous avez foi en votre mission et vous n'êtes pas un homme à reculer ! Laissez donc croasser les corbeaux du mépris et du découragement et continuez à marcher... Déjà de toutes les parties de la France, les patrons et les ouvriers ont les yeux sur vous et font appel à votre concours ; ils sentent, comme nous, vos dévoués collaborateurs, qu'il y a en vous l'étoffe d'un conducteur d'hommes., et bientôt ils vous suivront en masse.

« Vive labeur, en avant, les Anglais sont nôtres ! » s'écriait Jeanne d'Arc. C'est la même parole que je vous répète ce soir : oui, en avant, courage, le peuple vous attend, vous vaincrez le socialisme !...

Vive Biétry ! Vivent les Jaunes !


## Toast de M. Polzat.

Mes chers Amis,

Nous ne formons évidemment pas, ce soir, une réunion de très grands personnages. Nous ne sommes qu'une poignée de pauvres gens, dans le cœur desquels s'agite cependant l'avenir, et ce serait le cas de répéter la belle préface de l'évangile, qui est aussi la préface de toutes les grandes choses entreprises et menées à bien dans le monde : « *Gloire à Dieu au plus haut des cieux et paix sur la terre aux hommes de bonne volonté !* »

Tout ce qu'on peut dire de nous, tout ce que je souhaiterais qu'on en dise, c'est que nous sommes des hommes de bonne volonté, et quant au *Gloria in excelsis*, il signifie que nos efforts voudraient s'accorder avec ces grandes lois de l'Ordre et de l'Harmonie qui régissent le monde des idées et des faits, il signifie que nous voudrions être sages et confondre notre travail avec le travail de la Nature profonde.

Et quand je dis « Nous, » c'est « Vous » que je devrais dire, parce que ma profession littéraire a fait de moi un simple spectateur. J'ai vu que la voiture sociale allait tourner, j'ai vu que vous étiez de braves gens qui essayiez de la remettre dans le chemin et je suis descendu un moment de mon rêve pour vous aider. Quand vous aurez passé l'endroit difficile, nous échangerons la poignée de main fraternelle, je vous souhaiterai bon voyage et je retournerai m'asseoir, inutile.

Et du reste, mon histoire est en petit un peu celle de tout le monde, et ce qu'on appelle un grand homme, c'est celui que les circonstances emplissent des énergies éparses de son temps. La force d'un grand homme est dans le courant qui le porte. Et Pierre Biétry, par exemple, a surgi brusquement à nos yeux comme l'élu, comme le chef représentatif du mouvement « jaune. » Et il a cette marque à laquelle se reconnaissent les chefs : la conscience inébranlable qu'il en est un. Il a la foi en sa mission, il a cette espèce d'illumination intérieure, de certitude mystique, grâce à quoi on peut supporter la faim, la maladie, les misères, les railleries, pendant des années, et rester toujours un chef. C'est pourquoi, moi, simple curieux des âmes et des choses, sa force m'attire et j'ai subi la contagion de sa foi.

En lui souhaitant longue et heureuse vie, je lui rappelle cependant que cette force lui vient toute du mandat strictement impératif, dont il est porteur.

Pierre Biétry, c'est le « Jaune » et ce n'est pas autre chose. Son rôle est de définir tout ce que contient de significatif et d'avancé le mouvement dont il est issu et d'en commencer la réalisation.

Nous pouvons, dès à présent, voir les limites que la nature des choses lui a fixées.

De quoi est né le mouvement « jaune ? »

De la révolte des ouvriers sérieux contre les prétentions des comités révolutionnaires à les obliger à des grèves politiques, et plus généralement, de la réputation du collectivisme et du socialisme d'État.

On a dit aussitôt : « C'est un mouvement patronal. » Et, en effet, ça a été partiellement un mouvement patronal. Mais ce mouvement patronal est terminé ; il ne pouvait aller bien loin, car, si les ouvriers ont des intérêts communs avec les patrons, si ces intérêts communs sont les plus considérables et les plus nombreux, il est évident aussi qu'ils ont sur certains points, des intérêts différents et même opposés. Le patron a un intérêt évident à payer le moins possible ses ouvriers, et ceux-ci ont un intérêt non moins évident à être mieux payés.

Ceci est tout naturel et il n'en faut vouloir à personne de penser à soi d'abord. Tel ouvrier qui se plaint le plus amèrement d'être exploité, serait un exploiteur bien plus dur, s'il devenait patron.

Donc, pas d'excitation à la haine ! Tuer le patron est aussi déraisonnable que de détruire la machine et de brûler l'usine, car le patron est lui aussi comme une dynamo intellectuelle de l'usine.

Ce qu'il faut, c'est faire de l'usine une sorte de monarchie constitutionnelle ou plus exactement, c'est unir plus étroitement qu'ils ne le sont, le patron et ses ouvriers, c'est faire de l'ouvrier un actionnaire de son usine, c'est lui reconnaître un droit partiel de propriété, qu'il acquerra, si l'on veut ses deniers.

Et bien entendu, la propriété entraînant la responsabilité, l'ouvrier se devra à lui-même, d'accepter sa part des risques et des pertes. Il sera de la sorte le collaborateur réel du patron.

Telle est l'harmonieuse et simple formule de Biétry. Elle repose toute sur l'idée de la conquête par l'ouvrier de la propriété individuelle.

Elle est donc l'anticollectivisme. La propriété individuelle, c'est la liberté. Le collectivisme, c'est le plus épouvantable esclavage que le monde ait jamais vu. C'est, je l'ai déjà dit, l'État maître de tout. Avec le triomphe du socialisme d'État, songez-y, ceux qui voudront manger devront bien voter. Plus personne ne possédant rien, ce sera le gouvernement qui distribuera toutes les places et qui donnera du pain à qui il voudra. Est-il possible de rêver rien de plus effroyable.

Et cependant, ce danger est à nos portes. Aveugle qui ne le voit pas ! Aux prochaines élections législatives, il est très probable que nous aurons 150 députés socialistes. Et ces 150 seront bien vite les maîtres. Ils commenceront par exproprier les grandes compagnies. On imputera à la Dette Publique l'indemnité qui sera due aux actionnaires. La Dette fléchira sous cette surcharge de miliards. Ce sera la banqueroute, les trois quarts des Français ruinés. Vous verez comme cela ira vite. Les usines fermeront, l'État les prendra à sa charge. La société se dissoudra avec une rapidité surprenante, mais le gouvernement aura des places à distribuer, qui lui conserveront pendant dix ans sa clientèle électorale.

Tout le monde est donc intéressé à favoriser au plus tôt le développement du mouvement jaune qui, seul, peut arracher, en peu de temps, les villes à l'influence socialiste, car, ne l'oublions pas, il n'y a, en France, qu'une infime minorité d'ouvriers qui croient vraiment au collectivisme.

Et c'est pourquoi je bois de tout cœur à la réussite de Biétry.


## Inauguration de la Bourse libre du Travail de Caen. *(Septembre 1904.)*

M. Crulowski, président de la réunion, présente M. Biétry, qui va faire une conférence, et s'exprime ainsi :

« Biétry, est un véritable ami de l'ouvrier. Ouvrier lui-même, il est un soldat de la première heure, et fut d'abord un Rouge ardent et convaincu. Il a commencé son action et sa propagande sociale dans le département du Doubs, où, à l'occasion d'une grève, il prit la tête du mouvement ouvrier. Mais ce mouvement dégénéra bientôt en mouvement révolutionnaire, et là où tant d'autres ont trouvé un mandat de conseiller municipal ou de député, Biétry ne récolta que de la prison.

« Pendant sa captivité, il médita sur la question ouvrière et, à sa sortie de prison, il vint à Paris avec des idées nouvelles sur la question ; aussi au Congrès de 1900, il rompit ouvertement avec les socialistes révolutionnaires, et de ce jour, il devint le champion convaincu de l'Union du capital et du travail. L'organisation qu'il créa reçut par dérision le surnom de Syndicat des *Jaunes*, à cause de la couleur du papier qui servit à ses premiers adhérents de Montceau-les-Mines, à remplacer les carreaux du modeste local où ils se réunissaient et qu'avaient brisés les *Rouges*. Le mouvement des Jaunes a pris depuis lors une extension considérable dans toute la France, grâce à l'activité inlassable de Biétry et à la sincérité de ses convictions.

« Biétry, en effet, est un véritable ouvrier ; il est horloger et il connaît les besoins de l'ouvrier. Il n'est pas comme ces faux socialistes, comme les Jaurès, comme les Vaillant, les Millerand, qui sont propriétaires de châteaux et exploitent le socialisme comme une ferme, en s'en faisant des rentes ; il n'est pas entretenu aux frais de la princesse : c'est un véritable ouvrier, et on peut écouter sa parole. »

## Discours de M. Biétry.

Mesdames, Messieurs,

Je remercie tout d'abord notre président, M. Czulowski, des éloges qu'il m'a décernés et que je ne mérite pas ; je ne suis pas plus dévoué que nos autres camarades, et les compliments qu'il m'a adressé doivent aller à tous ceux qui m'entourent ; à lui tout d'abord, qui ne vous a pas dit tout ce qu'il avait fait au Hâvre ; à notre camarade Yvain qui remplit avec tant de zèle les délicates fonctions de secrétaire de la fédération à Paris ; à notre camarade Abraham, qui se dévoue avec tant d'ardeur à notre cause à Cherbourg ; à notre camarade Eudes, enfin, l'organisateur à Caen de la Bourse libre du travail. Eudes a apporté dans ce pays une organisation qui rendra des services incalculables, non seulement aux ouvriers, mais aussi aux patrons ; non seulement à la ville de Caen, mais encore à toute la région. Aussi je tiens à lui adresser ici les remerciements de toute la fédération.

Le sujet que je veux traiter devant vous est, vous le pensez bien, la question ouvrière, et en particulier la question syndicale et ses conséquences sociales.

Les syndicats ont une origine récente en France ; ils ne datent, en effet, que de 1884 ; ils ont été autorisés par la loi Waldeck-Rousseau. Jusque-là, et depuis un siècle, les ouvriers étaient isolés et sans aucune espèce d'organisation, tout groupement d'ouvriers étant formellement interdit par la loi. C'est à cet état de dispersion que l'on doit l'anarchie actuelle du prolétariat en France.

La Révolution, en effet, avait brisé les organisations existantes, les vieilles corporations et les anciens compagnonnages ; il en est résulté un véritable état de servage pour le salariat, selon le mot si juste de M. Deschanel. C'est la Révolution qui nous avait légué cet état de servage.

L'article 1er de la loi de 1884 nous a rendu la liberté en abrogeant les dispositions de la loi de 1791 qui anéantissait les groupements de travailleurs existant antérieurement. Sous la poussée des idées modernes, des esprits modérés comme Waldeck-Rousseau, comme Deschanel, proposèrent et firent voter la loi de 1884 organisant les syndicats, et la même année, 40 000 ouvriers étaient organisés dans 86 syndicats.

D'année en année, le mouvement s'est accentué, et en 1886, il y avait 1 006 syndicats ouvriers ; de 1890 à 1903, la propagande syndicale prit un tel développement qu'à l'heure actuelle, près de 5 000 syndicats sont officiellement déclarés.

Nous aurions le droit de nous féliciter d'un pareil résultat si le mouvement syndical était resté ce qu'il était à l'origine, purement économique et social, et s'il n'avait pas dévié vers un but révolutionnaire. Malheureusement, il n'en fut pas ainsi : pour fanatiser et entraîner à leur suite les ouvriers, le socialisme dirigé par des politiciens expérimentés, mit la main sur les syndicats ouvriers et s'en servit comme de véhicule à ses doctrines, à tel point que socialisme et syndicat sont presque devenus synonymes. Les syndicats tombèrent dans le socialisme et le collectivisme : on chanta la « Carmagnole » et « l'Internationale, » on fit des grèves purement politiques et électorales, et l'on perdit de vue le but principal du syndicat ; l'organisation du salariat et l'amélioration du sort de l'ouvrier.

Et cependant je le confesse, il n'y aurait qu'à s'incliner devant ce mouvement socialiste si on avait obtenu des réformes, si le prolétariat ouvrier avait fait des conquêtes ; mais bien au contraire : les syndicats devenus socialistes n'ont abouti à rien, et, fait important à signaler, si dans ces dernières années le nombre des syndicats a augmenté, on constate que le nombre des syndiqués a diminué ; pour des besoins politiques et électoraux, la fédération des Rouges a créé des fantômes de syndicats, composés de syndiqués fictifs qui ne paient pas de cotisations et qui sont de simples figurants. Il se contentent de prêter leur concours à des manœuvres électorales.

J'ai formulé devant vous, Messieurs, une grave accusation que je dois prouver. Je vais le faire avec des documents ; pour se rendre un compte exact de la situation du parti ouvrier en France, il faut chercher ce qu'elle est pour le parti ouvrier dans l'univers entier, et comparer les résultats obtenus.

A l'étranger, les syndicats sont plus anciens qu'en France ; ils ont plus d'un siècle ou à peu près un siècle en Angleterre, en Allemagne et en Amérique ; cependant en 1884, malgré ce retard considérable, nos syndicats français étaient sur un pied d'égalité avec les organisations étrangères dont le mode de cotisations en vigueur date de la même époque et qui furent en même temps que les nôtres prises par le courant socialiste. Il s'agit donc de voir si l'internationalisme eut partout les mêmes effets.

Voyons donc quel est le bilan financier des syndicats dans le monde en 1903. Je prends des renseignements dans les publications mêmes des socialistes.

Du 1er janvier 1902 au 1er janvier 1903, la situation financière des « Trades-Unions » en Angleterre est la suivante : Les caisses syndicales affiliées ont payé en tout, tant pour les frais de procédure que pour les indemnités de chômage, pour les assistances aux blessés ou malades, pour les orphelins assistés, la propagande, etc., 41 millions de francs, et il restait en caisse 104 millions 600 mille francs.

Passons en Allemagne. Là, il existe des groupements très divers ; il y a des syndicats chrétiens et des syndicats indépendants correspondant à nos syndicats jaunes, qui, les uns et les autres sont opposés aux syndicats socialistes. Mais je ne m'occupe que de la confédération des syndicats socialistes.

Dans la même année 1902, cette confédération a distribué en tout 40 millions de marcks (plus de 50 millions de francs) à ses adhérents, et il restait en caisse 28 millions 280 mille marcks.

En Amérique, les chiffres sont plus fantastiques encore !

Eh bien ! pendant la même année 1902, qu'ont versé à leurs adhérents les syndicats rouges français, également socialistes ? Pas un sou ! absolument rien ; bien au contraire, ils ont coûté près de 50 millions de francs aux contribuables en Bourses du Travail, appointements, grèves, etc...

C'est qu'en France le socialisme ne s'est servi des syndicats ouvriers que pour faire œuvre politique et électorale, conquérir des municipalités, des sièges au parlement, et pour entretenir les meneurs aux frais des contribuables. C'est cet argent qui alimente les 104 Bourses officielles du travail ; le socialisme s'est fonctionarisé et l'argent qu'il prend dans la bourse des contribuables ne sert qu'à sa propagande politique, et nullement à l'amélioration du sort des ouvriers.

Nous avons alors constaté que le socialisme vivait à nos dépens, qu'il entravait notre action, qu'il ruinait notre commerce et notre industrie nous enlevait nos moyens d'existence, et qu'il allait jusqu'à faire verser le sang de l'ouvrier. Nous avons vu qu'il menait avec lui le pillage et l'incendie et qu'il nous conduisait à la dernière des conditions ! Quand nous avons eu fait cette constatation, nous avons cherché les moyens de lutter contre lui, de repousser l'envahisseur et d'abattre ceux qui nous imposaient des rançons.

Nous avons reconnu alors que le syndicalisme qui nous avait fait tant de mal, pouvait faire le bien, et qu'il suffirait pour cela de l'arracher aux socialistes et aux révolutionnaires. Le syndicalisme, en effet, est socialiste ; mais il pourrait aussi bien être conservateur, catholique, réactionnaire, monarchiste, tout ce qu'on voudra ; il n'est révolutionnaire que parce que nous l'avons laissé à la direction des révolutionnaires, mais il ne l'est pas nécessairement. De cette constatation, il résulterait qu'il y avait quelque chose à faire avec le syndicalisme, et que le terrain était bon pour construire.

Il ne faut pas espérer guérir le pays en changeant des lois, des municipalités ou des députés ; ce qu'il faut, pour avoir un régime où il soit possible de vivre honnêtement ; c'est créer des mœurs nouvelles à la population ouvrière. Et pour cela, il faut la grouper et l'organiser ; car prétendre gouverner avec une population ouvrière morcelée, dispersée, ce n'est pas vrai ; c'est une dangereuse utopie ; et vouloir agir ainsi, c'est rester dans l'anarchie et sous le coup d'une révolution qui nous mènerait fatalement à un régime pire que le régime actuel qui est déjà détestable.

Nous voulons donc, nous les ouvriers, nous occuper nous-mêmes de nos affaires puisque personne ne s'en occupe, et lutter nous-mêmes contre les syndicats rouges, nos pires ennemis. Nous avons donc créé partout des syndicats jaunes résolus à faire respecter les droits des travailleurs aussi bien par les syndicats rouges que par les patrons. Nous avons vu souvent, en effet, le patronat, par une fausse compréhension de ses intérêts, lutter contre l'idée syndicale en elle-même, jaune ou rouge. Ces patrons ont gardé la conception féodale du patronat, et c'est cette lutte des patrons contre le syndicat en lui-même qui a retardé l'organisation saine des syndicats qui serait si féconde en résultats. Nous devons donc tout d'abord éclairer le patronat sur le danger qu'il court en agissant ainsi.

Les ouvriers organisés partout d'abord par corporations, puis groupés par localités, par régions, fédérés enfin par nations, auront une influence énorme et les conséquences de cette organisation sont incalculables. La première conséquence sera de créer un organisme compact des forces ouvrières, qui leur permettra par le syndicat d'éviter des grèves qui n'ont rien d'économique : cela se voit partout où le syndicat est prospère et se cantonne dans la défense de ses intérêts. Loin de créer des conflits, alors, il les évite car il sait que la grève est ruineuse pour les ouvriers comme pour les patrons. Le chef du syndicat, choisi par les ouvriers eux-mêmes, possède leur confiance et en est écouté ; en contact avec le patron, il se rend compte de difficultés de l'entreprise et il empêche des revendications injustifiées et mal fondées de se produire. Bien de plus, en Angleterre notamment, on a vu des syndicats sauver le patron de la ruine ; il arrive fréquemment, dans de petites usines principalement, que des patrons momentanément gênés sont secourus par la caisse du syndicat ouvrier de l'Usine et sont sauvés de la faillite par les ouvriers. Cela ne vaut-il pas mieux que de fomenter une grève qui précipite dans la même ruine le patron et les ouvriers ?

Au point de vue de la commune et de la région, l'influence du syndicat n'est pas moins heureuse. Les syndicats créent des caisses de secours, des caisses de retraite, des coopératives, etc. Puis ces organisations se fédèrent entre elles, et grâce à cette union, on voit cesser brusquement la concurrence désastreuse que se font trop souvent des industries similaires qui ne peuvent vivre si rapprochées.

Enfin, la Confédération nationale a pour résultat de former dans le pays une sorte de Parlement ouvrier. Nous pouvons arriver, par une Confédération nationale de tous les syndicats d'un même métier, à obtenir un ordre tel dans le monde ouvrier, qu'une Confédération patronale de la même industrie se ferait d'elle-même, et ces deux Confédérations, traitant d'égale à égale, usant l'une envers l'autre des mêmes formes diplomatiques, amèneront forcément un état de paix absolu dû à ce que le régime économique serait alors le maître du régime politique.

Ce qui causa la misère du prolétariat, c'est la situation d'anarchie créée par les syndicats rouges alliés avec les politiciens pour lutter contre les patrons, tandis que les syndicats ouvriers devraient s'allier avec les patrons contre les politiciens. C'est pourquoi nous avons mis à la base de notre organisation des syndicats jaunes l'union du patron et de l'ouvrier.

Et voilà pourquoi, aussi, nous sommes les adversaires des syndicats rouges.

Je voudrais maintenant faire une critique rapide du système socialiste et de sa doctrine : le socialisme vient dire au travailleur : il n'est pas juste que des individus possèdent ; tout doit être à tous. L'outil, la machine, le produit, la fortune, en un mot, la propriété doit revenir à la collectivité.

Le socialiste fait un sombre tableau de tout ce qui existe actuellement, de la misère trop souvent réelle où vit l'ouvrier, et il fait entrevoir ensuite la possibilité de modifier cet état de choses par le partage de tout entre tous : c'est le collectivisme ou le communisme auquel on arrivera par l'expropriation de la propriété au profit soit de l'État, soit de la commune, soit encore d'une espèce de vaste syndicat englobant l'universalité des hommes.

Il n'est que trop vrai que le travailleur souffre, qu'il est dépossédé d'une partie du produit de son travail, qu'il est l'esclave de la machine et surtout de l'argent anonyme. Tout cela est vrai ; mais ce qui est faux, c'est que ce soit la propriété qui est la cause du mal ; bien au contraire, le mal vient de ce que l'ouvrier ne possède pas. Ce n'est donc pas la suppression de la propriété qui serait le remède, mais bien l'extension de la propriété, car la propriété c'est la liberté. L'ouvrier ne s'émancipera qu'en devenant lui-même propriétaire : c'est la contre-partie absolue du système socialiste. L'homme libre est celui qui possède. Ne posséderiez-vous qu'un arpent de terre, vous seriez roi dans votre domaine : vous ne serez donc libres que quand vous serez propriétaires ! Nous disons donc à tous les travailleurs ; conquérez la propriété, tandis que le socialisme, en voulant leur faire signer.

le renoncement à la propriété, veut leur faire signer leur abdication absolue et définitive !

Le socialisme ne sert qu'à ceux qui le propagent ; ceux-là s'enrichissent aux dépens des travailleurs. Ils veulent vous faire renoncer à toute propriété pour faire de vous des esclaves dont ils seront les maîtres, un vil troupeau dont ils seront les mauvais bergers. Voilà où conduit leur doctrine prétendue humanitaire. En réalité, le socialisme est le colporteur du capitaliste, celui qui absorbe tout. Il faut distinguer, en effet, entre capital et capital.

Le capital dont nous souffrons, ce n'est pas le capital qui travaille, qui s'emploie dans le commerce et l'industrie, et qui nous fait vivre tous ; le capital qui nous opprime, c'est celui qui spécule sur les matières premières, sur les objets de première nécessité, sur le cuivre, sur la laine, sur la farine, sur le pain ! c'est celui-là qui nous opprime !

Mais le capital qui travaille dans l'usine à produire est un capital bienfaisant, et le socialisme en le combattant fait le malheur de l'ouvrier. Et, chose curieuse, ce n'est que ce capital là que le socialisme attaque ; jamais il ne s'en prend au capital spéculateur ; bien mieux, il le protège, il en est l'agent. La raison en est d'ailleurs bien simple ; ouvrez l'Annuaire des Sociétés par actions et cherchez la liste des actionnaires de *l'Humanité* ou de la *Petite République*, vous ne trouverez que des noms de banquiers juifs, de financiers gros spéculateurs en bourse, qui tous poussent l'ouvrier au socialisme pour l'exploiter et pour le tondre !

Aussi notre espoir est de convaincre nos camarades et de les arracher à ceux qui propagent ces doctrines funestes ; c'est pour cela que nous les groupons en syndicats indépendants, et nous avons la satisfaction de voir notre action s'accélérer et grandir tous les jours.

Au mois de novembre prochain, nous tiendrons à Paris, notre Congrès des Jaunes, qui montrera quelle est notre force. A nos débuts, lors de la grève de Montceau-les-Mines, les Jaunes n'avaient ni force, ni organisation, ni programme. Tout d'abord il ne s'agissait que de nous défendre contre les Rouges, qui terrorisaient et qui frappaient nos camarades. Mais quand nous pûmes nous recueillir et penser à l'avenir, nous avons organisé nos forces et élaboré notre programme, et nous avons aujourd'hui un programme ouvrier et social, et nous savons où nous allons.

Nous travaillons à la transformation du salariat : la condition actuelle de l'ouvrier est pitoyable et doit changer ; pour cela, l'ouvrier doit s'associer professionnellement puis industriellement et commercialement. Le salariat, sous la forme actuelle, doit disparaître et se réorganiser sur d'autres bases ; c'est le seul moyen de sauver la société du socialisme, qui serait l'esclavage.

Nous travaillons à substituer à l'état anarchique actuel un état social nouveau donnant à chacun la possibilité de s'affranchir par l'effort individuel ; nous avons donc inscrit dans notre programme la participation aux bénéfices. Mais la participation aux bénéfices doit être précédée d'une participation à la propriété. Dans les usines modernes, aucun ouvrier n'est propriétaire de son outil ; comment d'ailleurs pourrait-il en être autrement avec l'outillage mécanique de l'industrie moderne ? Eh bien, il faut rendre cependant à l'ouvrier la propriété de son outil ; pour cela il faut que l'ouvrier soit propriétaire d'une part du capital social. Prenons des exemples.

La société Japy frères, dans l'Est, occupe plus de 10 000 ouvriers. Elle possède d'immenses usines où se fabriquent de l'horlogerie, de la bijouterie, des automobiles, de la quincaillerie, du matériel électrique, etc. C'est une des plus grosses industries françaises. Il y a quatre ans, la société Japy, qui est au capital de 60 millions de francs, soucieuse d'assurer l'avenir de ses ouvriers, décida d'émettre pour 300 000 francs d'actions de 100 fr. réservées au personnel de la société ; il fallait avoir au moins quatre ans de présence aux usines pour pouvoir souscrire, et afin de diffuser ces titres, aucun contre-maître ou ouvrier ne pouvait en acquérir plus de cinq ; de plus, les actions devaient rester entre les mains du personnel de l'usine ; tout ouvrier actionnaire quittant la société devait revendre ses titres à un autre ouvrier ou à la société elle-même. Les 3 000 actions furent souscrites dans ces conditions, et il arriva alors ceci, c'est que les nouveaux actionnaires ouvriers devinrent les meilleurs surveillants des ateliers, chacun d'eux devint propriétaire d'une part de l'actif social, prit à cœur de défendre ses intérêts de propriétaire et le coulage dans les ateliers cessa complètement.

L'effet fut tel que bientôt 5 000 actions nouvelles furent créées dans les mêmes conditions et, actuellement, le personnel possède quatre millions du capital social de la société Japy ; il y a 4 000 propriétaires nouveaux au lieu de 12 actionnaires primitifs et les grèves sont inconnues. Il n'est pas défendu de supposer que dans quelques années, peut-être, sans heurt, sans secousse, sans grève ni émeute, les 60 millions du capital de la société sera passé entre les mains des ouvriers.

Autre exemple qui est comme la contre-partie du premier, et que je prends dans l'industrie agricole pour vous montrer que partout la participation à la propriété peut devenir la règle. A Daugers, il y avait, il y a dix ans, une quantité de cultivateurs ne trouvant pas quoi faire de leur lait. Ils en étaient réduits à faire de mauvais fromages qui ne trouvaient pas d'acheteurs. Ils se sont alors groupés en syndicat, ou fondé une laiterie coopérative et, par un versement minima de 100 fr. par action ordinaire, ont établi une usine pour traiter leur lait en commun, les bénéfices étant partagés au prorata du lait traité. Actuellement les fondateurs ont vu leur revenu augmenter des 2/3 et leur capital augmenter de 58 000 fr.

Voilà deux types bien différents de participation au capital et aux bénéfices, qui montrent la possibilité pour les travailleurs d'acquérir la propriété.

Je veux encore, en quelques mots, vous dire comment nous voulons, par nos sociétés ouvrières, venir en aide aux veuves et aux orphelins de nos camarades décédés. C'est par des mutualités que les travailleurs doivent parer eux-mêmes à la perte d'un chef de famille et pourvoir à l'entretien des orphelins, et c'est encore par la conquête de la propriété que nous obtiendrons ce résultat, conquête, je le répète, qui exige l'effort de chacun. Aussi, laissons-nous de côté les paresseux et les lâches qui ne veulent faire aucun effort individuel et attendent tout de la collectivité.

Mais pour atteindre ce but, nous devons grouper nos forces, et quand nous aurons ainsi fait notre tâche nous pourrons alors nous tourner vers les pouvoirs publics, et exiger l'exécution de nos justes revendications.

Nous ferons disparaître progressivement les syndicats rouges, et c'est avec notre organisation qu'il faudra compter. Nous les ferons disparaître parce que ce sont les Rouges qui sont l'obstacle aux revendications ouvrières !

Nous leur ferons couper les vivres, ou bien nous exigerons qu'on nous donne, à nous les Jaunes les mêmes subventions, et s'il le faut, nous créerons pour cela une agitation dans tout le pays.

La fédération des Bourses des Rouges a touché l'année dernière 10 000 fr. qui ont été employés à imprimer cet infâme *Manuel du Soldat* que l'on a distribué à profusion dans les casernes. C'est avec les 570 000 fr. de subvention qu'ont versés l'État et la Ville de Paris que vit l'état-major révolutionnaire des Rouges. La plupart de leurs syndicats sont cependant des syndicats fictifs puisque leurs membres ne paient pas de cotisations ; de cette façon les meneurs sont assurés de leur réélection indéfinie, et ils gardent perpétuellement l'assiette au beurre. Partout nous démasquerons ces faits, pour faire supprimer les subventions à ces organisations révolutionnaires qui sont les fauteurs de la grève et de l'émeute.

Il y a trois ans que nous menons notre campagne, et déjà elle porte ses fruits. Dans l'année 1902-1903, le nombre des syndiqués a diminué de 200 000 et cela, grâce à nos efforts, et si le mouvement s'accélère, l'année prochaine, nous pourrons mettre sous les yeux des municipalités qui subventionnent les Rouges, que ceux-ci sont les parasites du monde du Travail. Et alors nos 600 000 Jaunes seront des millions l'année prochaine, car de plus en plus l'ouvrier vient à nous et déteste le socialisme.

Quand nous aurons accéléré le mouvement, nous reviendrons ici à Caen constater les progrès réalisés. Ils seront semblables à ceux obtenus au Hâvre sons l'impulsion énergique de notre camarade Czulowski qui vient d'organiser la coopérative des déchargeurs des quais, et qui a puissamment contribué à balayer de l'Hôtel de

Ville la bande socialiste qui l'occupait. Et dans toutes les grandes villes, il en est autant et quand nous reviendrons l'année prochaine, nous constaterons à Caen les mêmes progrès dus à l'action bienfaisante de notre dévoué camarade Eudes et de ses collaborateurs.

# TABLE DES MATIÈRES


Avant-Propos . . . . . . . . . . . . . . . . . . . . . . . . . 5
Préface . . . . . . . . . . . . . . . . . . . . . . . . . . . . 7
Réflexions préliminaires . . . . . . . . . . . . . . . . . . 9
Chapitre premier. — L'ouvrier . . . . . . . . . . . . . 11
Chap. II. — Le salaire . . . . . . . . . . . . . . . . . . 14
  A Propos de la saisie-arrêt . . . . . . . . . . . . . 16
Chap. III. — Les patrons . . . . . . . . . . . . . . . . 18
Chap. IV. — Les syndicats . . . . . . . . . . . . . . . 23
Chap. V. — A propos des syndicats ; questions légales . . 30
Chap. VI. — Constitutions et Statuts des Syndicats ou
  des Unions profesionelles . . . . . . . . . . . . . . 33
  Statuts . . . . . . . . . . . . . . . . . . . . . . . . 35
Chap. VII. — Les camarades . . . . . . . . . . . . . . 37
Chap. VIII. — Les grèves . . . . . . . . . . . . . . . . 39
Chap. IX. — Les socialistes . . . . . . . . . . . . . . 43
Chap. X. — Le socialisme et la propriété individuelle . . 46
Chap. XI. — Les faux bergers du peuple et le socialisme d'État. 49
  Article paru dans « le Jaune » Réformistes et Révolutionnaires 51
Chap. XII. — Coopératives de Consommation . . . . . . 54
Chap. XIII. — Alcoolisme . . . . . . . . . . . . . . . . 60
Chap. XIV. — Coopératives de production . . . . . . . 63
Chap. XX. — Le repos hebdomadaire . . . . . . . . . . 81
  Lettre de M. Pierre Biétry . . . . . . . . . . . . . . 84
  A Caen, une manifestation ouvrière pour le chômage du
  dimanche . . . . . . . . . . . . . . . . . . . . . . . 88
Chap. XXI. — Jardins et logements ouvriers . . . . . . 90
Chap. XXII. — Recherche du travail et bureaux de placement. 93
Chap. XXIII. — Les ouvrières . . . . . . . . . . . . . . 96
Chap. XXIV. — Lectures et journaux . . . . . . . . . . 98
Chap. XXV. — Cercles d'Études et orateurs populaires . . 101
Chap. XXVI. — Participation aux bénéfices et au capital . . 103
  De la participation aux bénéfices et au capital (Poizat) . 109
  Lettre de X*** . . . . . . . . . . . . . . . . . . . . 114
Chap. XXVII. — Caisses de prêts populaires . . . . . . 116

Chap. XXVIII. — Les Trois-Huit . . . . . . . . . . . . . 119
Chap. XXIV. — Syndicats agricoles de propriétaires et d'ouvriers . . . . . . . . . . . . . . . . . . . 121
Chap. XXX. — Syndicats de la classe moyenne . . . . . . 125
Chap. XXXI. — Bourses Libres du Travail . . . . . . 127
Chap. XXXII. — Accidents du travail . . . . . . . . . 129
    Secours en cas d'asphyxie . . . . . . . . . . . . . 130
    »      »      de fracture . . . . . . . . . . . . 131
    »      »      de brûlure de plaies et d'hémorragie . . 131
    »      »      d'empoisonnemment . . . . . . . . . 131
Chap. XXXIII. — A bas les Rouges . . . . . . . . . . . 131
Chap. XXXIV. — Contrat collectif du travail . . . . . 134
Chap. XXXV. — Reproches adressés aux syndicats . . . 136
Chap. XXXVI. — Hygiène et bonne tenue . . . . . . . . 138
Chap. XXXVII. — Syndicats de domestiques . . . . . . 139
Chap. XXXVIII. — La Caisse d'épargne postale . . . . 143
Chap. XXXIX. — Boycottage et le Label . . . . . . . 146
Chap. XLV. — Assistance en cas de chômage . . . . . 150
Chap. XLI. — Syndicats patronaux et syndicats ouvriers . . 152
Chap. XLII. — Ni Rouges ni Jaunes . . . . . . . . . 154
Chap. VLIII. — Compagnonnage, Viaticum et Orphelinats . 157
Chap. XLIV. — Fédération des syndicats jaunes. . . . . 159
Chap. XLV. — Le « Jaune » et son fondateur. . . . . . 162
Chap. XLVI. — Programme des Jaunes . . . . . . . . . 166
    Le « Jaune » à l'étranger . . . . . . . . . . . . . 171

## APPENDICES

Toast de Théophile . . . . . . . . . . . . . . . . 174
Toast de M. Poizat . . . . . . . . . . . . . . . . 175
Inauguration de la Bourse libre du Travail de Caen (Septembre 1904) . . . . . . . . . . . . . . . . 178
Discours de M. Biétry . . . . . . . . . . . . . . 179

---

*L'imprimeur-gérant :* LOMBARDIN,
148, boulevard Voltaire, Paris.

# La Fleur des Jaunes !

Le « Genêt » est la véritable fleur du Peuple et de l'Ouvrier; elle en est presque le symbole.

Le genêt pousse partout, sur notre sol, émaillant de ses fleurs [illegible] haltes ou bien illuminant les enclos des vergers fertiles !

Cette fleur doit être le signe de ralliement des « Jaunes » ainsi qu'un des attributs de leurs syndicats.

Nos corsaires en clouaient les tiges, à l'état de balai, à la [illegible] du grand mât de leurs bateaux ; elle a un passé historique.

Que les « Jaunes » en acceptent l'augure ; qu'ils clouent le « genêt » sur leurs bannières, et ils balayeront, sous les couleurs des fleurs de France, arrachées aux arbustes tachés d'or, tous ceux qui voudront s'opposer à leur marche et à leurs conquêtes. »

(P. Biétry.)

*(On trouve aux Bureaux du Jaune l'insigne du genêt imprimé sur étoffe.)*